Cómo hablar con los ángeles

Enciclopedia de los ángeles

Mónica Buonfiglio

Prólogo de
Gustavo Nieto Roa

CÓMO HABLAR CON LOS ÁNGELES
Título original: Uma Mensagem Angelical
© Mónica Buonfiglio
Brasil

Primera edición, abril de 2001
Segunda edición, noviembre de 2001
Tercera edición, octubre de 2002
Cuarta Edición, octubre de 2003
ISBN: 958-968963-9

Editado por:
© Centauro Prosperar Editorial Ltda.
Calle 39 No. 28-20
Teléfonos: (57-1) 368 4938 - 368 4932
Fax: 368 1862
09800 0911654
E-mail: marybel@prosperar.com
www.prosperar.com
Bogotá, D.C. - Colombia

Editor	: Gustavo Nieto Roa
Coordinación	: **Maribel Arias García**
Carátula y artes	: Marlene B. Zamora C.
Ilustración carátula	: Montaje con detalle de *La Anunciación*, de Botticelli
Impresión	: **Stilo Impresores Ltda..**

Impreso en Colombia -Printed in Colombia-

Contenido

Prólogo

Nuestra sociedad de consumo es muy susceptible a estar pendiente de lo que está de moda. Y desde hace un tiempo para acá, pareciera que los "ángeles" son el tema de moda entre la gente que busca respuestas, no sólo a sus inquietudes espirituales sino también materiales.

Dentro de esta moda, muchos lectores pensarán que este nuevo libro *Cómo hablar con los ángeles,* es parte de esa modalidad; pero no es así. Lo hemos escogido porque las experiencias de la vida nos han demostrado que los ángeles sí existen. Son, como los seres humanos, emanaciones de esa única Energía Creadora del Universo, sólo que con características, atribuciones y responsabilidades especiales, cuya misión es servir a la humanidad en el sendero de llevarla a ser consciente de la Presencia de Dios en todos los aspectos de la vida, de manera que al actuar acordes, se nos pueda dar todo lo que deseamos para obtener la prosperidad.

Como emanaciones de energía, los ángeles son seres que responden a las mismas irradiaciones de la energía humana, y quien sabe hacerlo se contacta con los ángeles o el ángel preferido sin mayor esfuerzo, obteniendo de la misma manera una respuesta acorde con la vibración de la energía irradiada.

La palabra del ser humano, ya sea hablada o pensada, es una irradiación de energía que vibra y se expande por el universo. Cuando esta vibración se encuentra dentro de la frecuencia de los ángeles, automáticamente se sintonizan y comienzan a actuar entre sí.

Este libro, escrito por Mónica Buofiglio, especialista brasileña en la materia , ya conocida por los lectores de la Editorial Centauro Prosperar por su libro *El poder de los ángeles cabalísticos*, nos lleva de la mano para aprender a emitir las vibraciones que nos atraen y sintonizan con los ángeles, y así comunicarnos con ellos.

Personalmente he vivido muchas experiencias, en las que los ángeles se me han aparecido, no como seres fantasmales o alados, sino como personas de carne y hueso, que en su momento me resolvieron un gran problema, como el de librarme de terribles accidentes, o protegerme de los mahechores.

Entendiendo cómo son y cómo podemos contactarlos, ya estamos más cerca de Dios, de donde ellos proceden, como todos los seres que existen en el universo.

Es para mí un gran honor, haber conocido a la autora en uno de esos viajes por el mundo, y poderle presentar a nuestros lectores este sencillo manual, que le permitirá ascender en su entendimiento del mundo espiritual e invisible donde viven esos seres maravillosos.

GUSTAVO NIETO ROA

Presentación

La *Enciclopedia de los Ángeles* fue escrita exotéricamente*, para que todos puedan comprender el mensaje angelical. Está asociada directamente con el tercer milenio, la Era de Acuario, era en la que transformaremos el plomo en oro, o sea, la ignorancia en conocimiento. Los ángeles son los verdaderos mensajeros entre Dios y el ser humano. En este nuevo milenio, ellos están más activos que nunca, facilitando el desenvolvimiento de todas las conquistas sociales, científicas y espirituales, y principalmente, el perfeccionamiento intelectual del hombre. Mi objetivo primordial es llevar a cada lector la cultura milenaria de la angelología, que se desarrolló en Egipto y emigró con el éxodo hebreo hacia la Tierra Prometida, posteriormente fue descubierta por los primeros cristianos y cabalistas y se popularizó en este nuevo milenio.

Después de haber dictado cursos en diferentes áreas de la espiritualidad, llegué a una conclusión simple

---

*/ Al contrario de "esotéricamente" es la forma de transmitir enseñanza a todos, sin restricción.

y clara: todas las religiones y todas las filosofías llevan a Dios. Por lo tanto, este libro fue escrito para los espiritualistas. ¿Qué significa esto? Todo aquel que crea que en nosotros no sólo existe materia, es espiritualista.

No tengo la más mínima intención de ser reveladora ni quiero que me imaginen pretendiendo imponer mi verdad.

Creo en el Tanha, como centro de la vida, la causa noble por la cual estamos aquí reencarnados, después de haber escogido en el cielo a nuestros padres y a nuestra familia.

Para encontrar la verdad, no se debe sentir pereza, ella va de la mano con el olvido, es su enemiga. Lea muchos libros, no se preocupe por adquirirlos pronto; de alguna manera ellos llegarán hasta usted. Lo importante es seguir descubriendo los secretos, utilizando siempre la intuición y el sentido común.

El estudio de los seres angelicales está asociado a la lucidez espiritual. Todo en la vida dependerá única y exclusivamente de la ley de acción y reacción; es decir, que debemos ser conscientes de cada palabra, gesto e incluso pensamiento.

Para terminar, la comprensión de los ángeles representa valores importantes y diferentes en cada país; lo fundamental es recordar que debemos respetar un componente esencial llamado fe, y quien la posea con mayor intensidad hasta logrará liberar y limpiar el karma de un país.

Un período de dificultad puede causar desesperanza en unos y esperanza en otros. Aproveche para meditar sobre lo hechos ocurridos y comience de nuevo. "Dios es paciente porque es eterno". Decía San Agustín: "Dios no necesita perdonar, porque nunca ha condenado. Él es justo porque es bueno. Es inútil e innecesario pedirle perdón".

La palabra "genio" es sinónimo de "ángel".

Mónica Buonfiglio

Mi encuentro con los ángeles

❧ ❀ ❧

E scuché hablar sobre los ángeles hace más de diez años, cuando me presentaron a una astróloga muy especial. Me dijo que mi ángel guardián era Hahahel y me entregó una figura para guardarla entre mis pertenencias. Me pareció extremadamente curioso, y como buena virginiana pedí información sobre el tema. En esa época, estudiaba el oráculo y dictaba cursos sobre buzios y tarot.

Desde ese entonces comencé a orientar a los consultantes y a los alumnos sobre los nombres de los ángeles de cada uno y la manera de contactarlos, por medio de los salmos específicos. Recuerdo que debido a mi enorme devoción por el tema de los salmos de los ángeles, oraba por todas las personas que acudían a mi. Tal vez por mi juventud, creía que todo sería resuelto con la ayuda de los ángeles. Y, ciertamente, ¡hicieron milagros!

Comencé a profundizar en el tema. Había muy poca información y cuando la encontraba, estaba en libros que empleaban un lenguaje muy complicado.

Leí todo sobre Madame Helena Blavatsky, Eliphas Levi y otros alquimistas como Francis Barret. Fueron más de 2.000 obras. Leer era como un deber, copiaba en un cuaderno cada segmento interesante.

Cuando leí *El Gran Arcano*, de Eliphas Levi, encontré el modelo que me sirvió de base para el anclaje del ángel Además, "anclaje" fue el mejor término que hallé para definir el contacto con ellos. De ahí nació el borrador del libro y mi práctica de magia blanca. Reflexioné mucho: "¿qué puede suceder? ¿Será pecado invocarlos?". Al mismo tiempo pensaba: "estoy haciendo todo con buena intención, con el propósito de ayudar a las personas, no sucederá nada malo".

Así, en mi consultorio, hice magia blanca. Como todo en el plano astral está ligado al número 7, la repetí durante siete días y esperé una respuesta "favorable" para el octavo día. Si algo salía mal, la experiencia habría sido en vano.

Y, realmente, ¡ocurrió un gran cambio! Mi padre estaba desocupando un inmueble y aproveché la oportunidad para montar en el local una escuela esotérica. Era mi ideal y, a pesar de los muchos prejuicios y obstáculos, luché por él. A pasos agigantados aprendí (como autodidacta) todos los temas esotéricos y comencé a enseñarlos de manera sencilla.

¡La respuesta de la magia era favorable! Pasé a enseñar mi "fórmula mágica" en el curso de tarot, fiebre de la década de los 80. algunos alumnos se reían y no creían para nada en los ángeles. Pero algo en el tema, tal vez su riqueza, me instaba para que siguiera hablando de la magia.

Hice magia nuevamente y le pedí a los ángeles que me ayudaran profesionalmente. La escuela iba bien, debido principalmente a la frecuencia de las conferencias, con lleno total. Inesperadamente recibí una invitación para hablar en un programa de televisión, y la repercusión fue enorme. Sentí que los ángeles decían "Amén".

Comencé a viajar para dictar cursos. Trabajaba todos los días, principalmente los sábados y los domingos. Fue en uno de esos cursos que conocí a mi alma gemela quien me incentivó a plasmar todo mi conocimiento en los libros. En cada curso estaba más animada, feliz y apasionada, esto difiere de la idea de que el esoterismo es sinónimo de aislamiento y total dedicación a los estudios. Encomendaba a las librerías en Europa y en los Estados Unidos, nuevos títulos sobre el tema.

En 1992 le ofrecí mi segundo libro, *Ángeles Cabalísticos,* a algunas editoriales, sin éxito. Las personas decían que era fantasioso y que el tema no era interesante. Me encargué de su edición y distribución. Me tildaron de artesana y aficionada. Pero los comentarios me incomodaban muy poco. En esa época la revista *Time* publicó un excelente artículo sobre el regreso de los ángeles. Mi libro alcanzaba la octava edición y las ventas iban viento en popa. Desde 1994, el libro está en la lista de los más vendidos.

Por todo esto, afirmo que los ángeles cambiaron mi vida.

Así como para mí esos seres celestiales me trajeron mucha suerte, respeto y confianza en mi trabajo, espero sinceramente que lo mismo suceda con usted.

¡Buena suerte!

Breve resumen de la historia angelical

$\mathcal{E}$n pleno comienzo del Siglo XXI, los ángeles están invadiendo nuestros corazones con cariño y mucha curiosidad. Es bueno recordar que hace 2.000 años esos seres especiales estuvieron presentes, anunciando la Buena Nueva de la llegada del Mesías. Hoy, con el advenimiento de la Era de Acuario, el tema es estudiado por todos en el mundo entero.

En el gobierno de Jimmy Carter, presidente estadounidense (1976-1980), una encuesta mundial, realizada por el Instituto Smithsoniano, el Instituto Internacional de Temas Estratégicos de Londres y el Club de Roma, constató que la civilización humana alcanzó un punto crítico, una megacrisis. La investigación concluyó que si la humanidad no creía en los ángeles como expresión de "fraternidad", todo se aniquilaría.

El materialismo parece triunfar. Las personas empiezan a sentirse huérfanas de religión, el estudio de los ángeles puede rescatar la verdadera fuerza de la palabra "religión" –unión del hombre con Dios–. De esa forma, unidos en una vibración superior, todos podremos iluminar el futuro.

En esta obra usted encontrará información acerca de las influencias que el mundo superior ejerce sobre el mundo de los hombres. A través de la comunicación con el mundo angelical, lograremos obtener ayuda para que nuestro paso por el mundo terrenal sea vivido de la mejor manera posible. Como usted aprenderá en este libro, la creencia en la eficacia de las invocaciones angelicales está basada en la idea de que ningún ángel –y ellos son una legión- puede resistirse a la mención de su nombre. La intención es presentar aquello que llamé "anclaje", además enseñar cómo hacer un talismán, el uso correcto de las velas y diversos temas que ayudarán en su protección.

Usted debe estarse preguntando: "¿Hay necesidad de tantos rituales para contactar a mi ángel?". Todo dependerá de la esencia de su vida, de la búsqueda y encuentro de su Grial interno.

El respeto que tengo por los ángeles es el mismo que siento por la tierra, de "fraternidad" que deja al descubierto la semilla: "amor". Llegará el tiempo en que el amor abrirá todas las puertas. En primer lugar está el amor hacia nosotros mismos, el que evitará que hagamos mal uso de nuestros dones.

Después está, el amor fraternal con manifestación total en el mundo entero.

Infortunadamente, la historia sobre los ángeles es corta. Los griegos, amantes de la precisión, los llamaban *Daimones* (genios, ángel, ser sobrenatural). Los egipcios los explicaban ampliamente y con detalles. Pero todo se perdió, fue quemado en la época de la ascensión del cristianismo primitivo en Occidente. Hoy, lo poco que nos queda, deriva de los estudios cabalísticos desarrollados por los judíos, que fueron los primeros en creer en esta energía. El mundo cabalístico está dividido en cuatro jerarquías energéticas: *Emanación, Creación, Formación* y *Acción*.

La *Emanación* es el centro de todas las energías. La *Creación* es el tiempo y el espacio. La *Formación* es el mundo de las especies, de las cosas concretas que tienen forma definida. La *Acción* es la fuerza mediante la cual cada individualidad creada produce y manifiesta vida. Aquí trataremos de la *Formación*, la tercera categoría, de la cual el mundo angelical hace parte.

La palabra hebrea para ángel es *malakl*, que significa "mensajero". Las primeras descripciones sobre ángeles aparecieron en el Antiguo Testamento. La mención más antigua de un ángel aparece en Ur, ciudad del Medio Oriente, hacia el año 4000 a.C. En el ámbito cristiano aparecieron en el año 312 d.C., fueron introducidos por el emperador romano Constantino, quien, siendo pagano, se convirtió al cristianismo cuando vio una cruz en el cielo antes de una batalla importante. En el año 325, en el Concilio de Nicea, la creencia en los ángeles fue considerada un dogma de la Iglesia. En el año 343 se determinó que reverenciarlos era idolatría y que los ángeles eran demoniacos. En el Séptimo Sínodo Ecuménico, en el año 787, se definió como dogma solamente cuando se trataba de los arcángeles Miguel, Uriel, Gabriel y Rafael.

Santo Tomás de Aquino fue un estudioso del tema. El decía que los ángeles son seres cuyos cuerpos y esencia están formados por un tejido de la llamada luz astral. Se comunican con los hombres por medio de la Egrégora, asumiendo de esta manera, formas físicas.

La aureola que circunda la cabeza de los ángeles es de origen oriental. Nimbo (del latín *nimbus*) es el nombre dado al disco o aura parcial que emana de la cabeza de las divinidades. En Egipto, el aura de la cabeza fue atribuido al dios del sol Ra, y más tarde, en Grecia, al dios Apolo. En la iconografía cristiana, el nimbo o diadema es un resplandor de gloria celeste y su origen, u hogar, es el cielo.

Las alas de los ángeles aparecieron en Siglo I.

Las alas representan la rapidez con que los ángeles se movilizan.

En la época del cautiverio en Egipto, el pueblo judío fue santificado por la persecución. Lo que ellos conocían sobre los ángeles recibió influencia de los egipcios, de los babilonios y de los persas. Los cabalistas verificaron las coincidencias. Por ejemplo, lo que para los hebreos eran "ángeles" para los egipcios eran "dioses", la diosa Isis tiene alas...

Encontramos en el panteón musulmán una cita sobre Azrael y Djibril y su correspondencia con Rafael y Gabriel.

Los caldeos y otros pueblos de la antigüedad creían en los genios benignos y malignos. Los romanos creían en entidades llamadas *genios*.

Cuando Jesús vivía, el racionalismo originó algunas divergencias relacionadas a la idea que los judíos tenían sobre los ángeles. Los saduceos negaban la existencia de los ángeles, los tanseos la aceptaban.

Los escritos esenios, fraternidad de la cual Jesús formó parte, están repletos de información angelical. En el Nuevo Testamento, los ángeles aparecieron en momentos que marcaron la vida de Jesús: nacimiento, predicaciones, martirio y "resurrección". Después de la ascensión, Jesús fue colocado junto al ángel Metatron.

Algunos estudios aceptan la posibilidad de que los tres reyes magos fueran ángeles materializados. Melchor (rey de la luz), Baltasar (rey del oro, guardián del tesoro, del incienso y de la paz profunda) y Gaspar (el etíope, que entregó la mirra contra la corrupción).

María aún llevaba a Jesús en el vientre cuando partió con José hacia Egipto. Jesús admiraba la ciencia de ese país y eso, tal vez, unido al trabajo de carpintero, justifique aspectos del cristianismo primitivo, lleno de signos y parábolas.

En esta obra estudiaremos los ángeles de una manera cabalística, que significa, "recibimiento" y "aceptación". La cábala es un tratado filosófico-religioso hebreo cuya función es descifrar el sentido secreto y alquímico de los textos sagrados y conservar su originalidad.

La angelología es el tema más fascinante de las ciencias espiritualistas. Está basada en la idea de que Dios está presente en todo y en todos, principalmente en las cosas más sencillas de la vida. El ángel representa la energía de la pureza y del conocimiento de Dios. Cuando hablamos de ángeles, generalmente los asociamos a las visiones bíblicas o a los milagros. En esta obra usted tendrá un contacto más cercano con ellos.

En el Antiguo Testamento la palabra ángel es mencionada 108 veces, en el Nuevo Testamento, 175. Los ángeles en el Antiguo Testamento son considerados reales y una prueba de fe del pueblo de Israel. A través de ellos, Dios consigue gobernar el mundo. Según San Agustín, los ángeles poseen sus propias virtudes y derechos, actuando bajo el nombre de Dios.

Jesús, el Maestro, no niega la existencia de los ángeles ni tampoco critica el creer en ellos. En varios pasajes bíblicos se dejó ayudar por ellos (Lucas 22, vers.43). En muchas de sus parábolas, los personajes son ángeles.

Fue Clemente de Alejandría (150-213 d.C.) quien hizo surgir la idea de que los ángeles convivían en una jerarquía celestial. En Atenas, el historiador Dionisio también mencionó esa idea. Él se convirtió al cristianismo y creó el sistema cronológico de la Era Cristiana, que tiene como punto de partida el nacimiento de Jesucristo. Sistema que fue adoptado en el Siglo VI y oficializado por la Iglesia Romana en el Siglo X.

Después de los apóstoles, los primeros líderes de la Iglesia Católica –Ignacio de Antioquía, Clemente Romano y Policarpo de Esmirna– consideraban un error la adoración de los ángeles, así como invocarlos para pedir su ayuda. Ya en el Siglo II, se creía que los ángeles eran semejantes al fuego, vivían en el aire y ayudaban a todos en sus aflicciones. Jesús, era colocado en una jerarquía superior a ellos.

El período comprendido entre los años 325 y 451 fue de gran devoción hacia los ángeles, se creía que los hombres podían, por medio de la oración, entrar en contacto con ellos. Entre los siglos VI y XIII los concilios condenaban la idea de que los ángeles eran de la misma sustancia de Dios, y solamente se permitía la invocación de Rafael, Miguel y Gabriel en las oraciones. Ya en los siglos XVIII y XIX, cuando imperó el racionalismo, las especulaciones sobre el tema fueron totalmente condenadas. Los ángeles se transformaron así en frutos de la imaginación.

Santo Tomás de Aquino afirmaba que los ángeles actúan en la evolución de la humanidad y en el perfeccionamiento intelectual. A ellos se atribuye el amor natural, el llamado amor intelectivo operado libremente.

Los ángeles pueden manifestarse en los hombres a través de pensamientos e ideas, ya que son seres inteligentes. Ellos nos ayudan con sapiencia y buena intención en la elección de varias opciones. La inteligencia siempre lleva a la verdad y la verdad siempre lleva al bien. Los hombres yerran porque sus conocimientos vienen por etapas.

Con el advenimiento del cambio de la Era de Piscis a la Era de Acuario, el fanatismo, que es el aspecto negativo (o contrario) del signo Piscis, desaparecerá. Se espera un cambio de mentalidad para el tercer milenio: la libertad, tan valiosa para los acuarianos.

Hacia el final del Renacimiento el tema angelical dejó de causar interés y permaneció en el olvido durante muchos años.

Desde 1990, la gran Fraternidad Blanca está limpiando el karma de la humanidad. Como el 50% de este karma ya fue eliminado, confirmamos la aparición de los intermediarios entre los ángeles y los hombres: gnomos, duendes, silfos, ondinas, hadas y salamandras. Son obreros de Dios, seres de luz cuya misión es mantener el orden de la naturaleza.

DIVISIÓN DE LOS 72 ÁNGELES

Son 72 ángeles divididos en nueve jerarquías angelicales:

Serafines, *personifican la caridad y la inteligencia.*
El príncipe es Metatron.
Querubines*, reflejan la sabiduría divina, aliada al*
temperamento jovial.
El príncipe es Raziel.
Tronos, *proclaman la grandeza divina, a través*
de la música.
El príncipe es Tsaphkiel.
Dominaciones, *tienen el gobierno general del universo*
y atienden más rápidamente cuando utilizamos los
instrumentos mágicos para las invocaciones.
El príncipe es Tsadkiel.
Potencias, *protegen las leyes del mundo físico y moral,*
además de conservar la procreación de los animales.
El príncipe es Camael.
Virtudes, promueven prodigios y los milagros de la
curación.
El príncipe es Rafael.
Principados, responsables de los reinos, estados y
países, también preservan la fauna y la flora,
los cristales y las riquezas de la tierra.
El príncipe es Haniel.
Arcángeles, responsables de las transmisiones de
mensajes importantes y de la defensa de los países,
de los padres y de la familia.
El príncipe es Miguel.
Ángeles, cuidan de la seguridad del individuo en el
cuerpo físico.
El príncipe es Gabriel.

Conversando sobre ángeles

⇒⋙✳⋘⇐

*G*eneralmente, cuando iniciamos el estudio de cualquier tema místico, estamos llenos de temor, que desaparece gradualmente en la misma proporción en que se va adquiriendo conocimiento. Eso ocurrió conmigo cuando hace más de 10 años me involucré en este tema, en torno al cual existía una mezcla de temor y respeto. Los libros que compraba o que me prestaban estaban "encubiertos", pasaban de mano en mano debajo de las mesas. Al principio encontraba muy extraño este hecho, pero a medida que fui entendiendo, comprendí que la forma como se hablaba de los ángeles era interesante y descomplicada.

A partir de ese momento todo comenzó a fluir fácilmente, de una manera fantástica. Albert Einstein decía: "Concéntrese en conocer (sabiduría) y no en creer (fanatismo y esclavitud)". Esta frase marcó profundamente mis estudios y me inspiró para ahondar mis conocimientos cada día más.

El ángel de la guarda personal está junto a usted desde el día de su nacimiento hasta el día de la desencarnación. Es él quien orientará su próximo estadio de aprendizaje en el Yo Superior, junto a los grandes maestros ascendidos, para un posible regreso a la tierra. Usted eligió su karma antes de encarnar y va a tener que vivirlo. Así que viva intensamente cada momento de su vida. Respire vida. ¡Es muy bueno vivir! Enfrente todo con el corazón abierto, pero viva. Sea paciente, escuche a las personas, comprenda que no hay nada correcto o incorrecto. Un amigo cabalista me decía: "Tu verdad se manifiesta cuando señalas con el dedo índice. Tu amigo, el que tienes frente a ti, también señala lo que él considera verdad, con el dedo índice".

Los relatos de algunas personas que sufrieron paros respiratorios y "murieron clínicamente" por algunos minutos, son unánimes al asegurar que vieron a alguien que emanaba una luz intensa y que, cariñosamente, los conducía hacia algún lugar. Esas personas estaban recibiendo, en ese momento, la ayuda del ángel de la guarda, que asume la forma más conveniente de acuerdo a las creencias de cada uno. Por ejemplo: para un espiritista, la forma podría ser la de un ser querido que ya desencarnó; para un umbandista que cree en la protección de caboclo, la forma podría ser la de un indio.

Los problemas hacen parte de la vida cotidiana de cada persona; la belleza que esto encierra radica en que podemos orientar a alguien con una palabra amiga y transformar nuestro karma y el de esa persona en Darma. Muchas personas buscan la fuerza del mundo angelical con el deseo de alcanzar la gracia desde el primer día, olvidándose de que antes deben hacerse merecedoras de ella. Cuando usted pide ayuda a cualquier entidad para resolver un problema y no es atendido, no se enoje, pregúntese: ¿yo merecía esa gracia? Cálmese y reflexione. Dios es el Gran Padre y nunca nos abandona.

Muchas veces me buscaron personas desesperadas, pidiéndome ayuda porque un "santero" había aprisionado su ángel de la guarda. En primer lugar, eso es imposible porque los ángeles son etéreos y no tienen corporeidad ni pueden ser tocados. Además, quien se deja impresionar por tal ignorancia, no piensa, no razona, igualándose en ignorancia al que trata de engañarlo. ¡Cuidado! Pensar es estar con Dios. La armonía de los ángeles con las cosas terrenales sólo se logra cuando usted piensa, pues existe una sintonía gracias al eslabón mental. Por ejemplo, cuando una canción resuena en su cabeza está ocurriendo esa armonía. Cuando digo que los ángeles moran en el cielo personas mal informadas me discuten.

Si fuera cierto que los ángeles sólo moran dentro de las iglesias, tendríamos un gran problema dogmático: hindúes, judíos, ateos, budistas, xintoístas no tendrían ángel de la guarda.

La infelicidad deja sin acción al ángel de la guarda. Cuando hablo sobre ese tema, la primera pregunta que surge es: "¿Para qué sirve entonces mi ángel de la guarda, si, en el momento que más lo necesito, no está a mi lado?". Para aclarar este punto voy a dar un ejemplo muy sencillo. Cuando usted asiste a una reunión y comparte con una persona que no hace sino quejarse todo el tiempo y sólo comenta desgracias, probablemente su actitud será la de apartarse lo más rápido posible. Lo mismo sucede con su ángel de la guarda. El ángel no participa de la infelicidad; en nada le ayudaría que él se quedara llorando a su lado. El ángel permanece en el cielo, esperando y enviando ayuda mental, aguardando el instante en que usted decida dejar de sufrir y así pueda ocurrir la transformación. ¿Recuerda esa ocasión en que usted necesitó de un amigo, lo llamó y gracias a una buena conversación todo quedo aclarado?

Puede estar seguro de que su ángel de la guarda le pidió ayuda al ángel del amigo al que usted recurrió. Lo mismo sucede cuando usted tiene la intención de leer un libro o visitar un amigo. Vaya, aproveche y lleve una rosa. Quién sabe, a lo mejor esté sirviendo como intermediario para ayudar a esa persona.

Cuando somos optimistas, el trabajo de protección del ángel se hace mucho más fácil, nuestra aura se expande y, a través de nuestra mente o de nuestros sueños, él nos hace intuir la dirección correcta a seguir. Cuando reímos nuestra aura se desdobla. La sabiduría popular dice: "Quien canta sus males espanta" o "No desees mal ni a tu enemigo, porque se te devolverá el doble, ora por él". El pensamiento negativo hacia una persona impregna su aura con la de esa persona y quedan unidos por un eslabón kármico, más resistente que el acero, y que sólo puede ser disuelto con amor. Si este eslabón no se rompe, seguirá teniendo ese vínculo kármico con aquella persona en otras encarnaciones.

Para conversar con el ángel de la guarda es necesario ser creativo. No se quede "mendigando". Converse con él como si estuviera hablando con un niño. No presione ni exija resultados. Orar es armonizar con el flujo de energía divina; a través de los salmos usted puede llegar al mundo angelical.

Cuando haga un pedido use siempre el tiempo presente. Tenga cuidado con la palabra "no". Nunca diga "no quiero ser gordo, no quiero ser pobre, no quiero ser viejo". Este "no" confunde y desordena su pedido porque entra en el poderosísimo inconsciente, y es allí donde los ángeles conversan con usted durante el sueño. Ellos son etéreos, por lo tanto, carecen de memoria y nunca juzgan.

Los ángeles están presentes, principalmente, donde hay niños de hasta siete años. Por lo general, los niños pequeños tienen un amigo invisible para nosotros, pero para ellos, que no tienen pensamientos mezquinos ni maldad en el corazón, el amigo es bastante visible, es su ángel de la guarda.

Dios es inteligencia que se manifiesta a través de sus pensamientos, exteriorizados cuando usted habla. Su personalidad es la envoltura de su alma. Hablar, conversar o pedirle a su ángel es el paso más importante para poner en acción y movimiento lo que usted desea. Para cualquier pedido diga: "Bendito es mi deseo porque él es realizado".

Dios le da raciocinio al ser humano, esa es su diferencia con los animales. La superstición o la hechicería están en oposición al mundo angelical y sólo se presentan cuando las personas no hacen uso de la razón. Al insistir en las creencias, los ángeles sentirán que usted no está en armonía con ellos.

Preguntas y respuestas

❧ ⟶✳⟵ ❧

¿Qué significa la palabra "ángel"?

La palabra "ángel" viene del griego *ángelus*, "mensajero". Para la cultura hebrea el término es *malakl*, mensajero o emisario. Sería interesante comparar los mensajes de los ángeles con el sistema de comunicación vía satélite, en el cual las señales que viajan por el cielo, son enviadas para todos los receptores. En tal caso, los poderosísimos vehículos de comunicación podrían simbolizar las trompetas de los ángeles.

Si somos hijos de Dios, no existe mal alguno en afirmar que somos divinos. Si Dios es considerado una potencia de inteligencia, con seguridad, cuando usamos correctamente nuestra capacidad intelectual, estamos actuando con una porción angelical muy fuerte.

Los ángeles (daimones) que protegen a los seres humanos son diferentes de los daimones que están fuera de nuestro control. Son perceptivos a nuestro conocimiento, pero aunque es difícil mantenernos en contacto con ellos, es posible entrar en su sintonía. Los silfos, por ejemplo, son elementos de aire que nos ayudan en la propagación de los mensajes. Por esa razón, cuando hacemos un pedido escrito al ángel quemamos el papel, soplamos las cenizas (elemento fuego) o sentimos deseos de caminar para colocar en orden las ideas, como hacían los grandes filósofos. Empleamos la fuerza de las ondinas (elemento agua) para nuestras emociones y los gnomos y duendes (elemento tierra) para la prosperidad.

El ángel es el mensajero, o "recadero" entre el cielo y la tierra. Eso es muy significativo...Preocúpese por su vida, no juzgue a nadie por sus actos. Comprenda.

Estar en sintonía con su ángel guardián es anular, neutralizar la fuerza del genio contrario. Así, su vida ha de prosperar, ya que Dios es prosperidad y quiere que usted también prospere.

"Dios duerme en el mineral, sueña en el vegetal, actúa en el animal y despierta en el hombre". Es inteligencia. Cuando usted piensa, está con Dios y, en consecuencia, con los ángeles. Ahora, si todo es pensar, entonces dediquémonos a utilizar el cerebro como un receptor, aprovechemos toda y cualquier ayuda de esos seres tan especiales.

Cuando usted pasa por dificultades, se siente dividido y puede estar bajo la influencia del genio contrario. Cuando alguien no va bien, su estación o aparato receptor no está bien ajustado. Entonces, en esas fases, nada mejor que la lectura para perfeccionar el conocimiento y para aumentar su receptividad a los ángeles.

¿Por qué las personas creen en los ángeles?

Ellos están en todas las religiones, son seres iluminados y no tienen en cuenta los registros de nuestros actos negativos, por lo tanto no perdonan, ya que no cabe en ellos el juzgar.

¿Nos pueden abandonar los ángeles?

Los ángeles nunca nos abandonan, no tienen la necesidad de rehacerse a través del sueño y no les afecta el paso del tiempo. Conocen las modificaciones del sistema nervioso humano por el cambio de color de nuestra aura. La intención angelical ante nuestro pedido no cambia y queda establecida en el plano etéreo. Santo Tomás de Aquino enfatizaba la posibilidad de la unión del ángel al cuerpo físico.

Si son nuestros guardianes, por qué no podemos verlos? El 98% de las personas nunca verán un ángel porque nuestra aura es disonante para él. El ambiente en que vivimos es muy denso, "pesado". Si para nosotros es difícil la vida en las grandes ciudades, ¡imagínese cómo será para los ángeles! Para los niños es más fácil verlos, ya que su retina aún no ha sido desgastada por el tiempo. Podemos notar su presencia cuando sentimos "escalofríos", vemos bolas de colores, puntos azules y tenemos un poco de somnolencia, o utilizando la magia blanca.

¿Por qué, cuando necesito de ayuda, termino encontrando un amigo y, con una buena conversación, todo parece ser más claro?

Cuando usted tiene una duda en el corazón o está pasando por alguna dificultad, siempre siente deseos de hacer una llamada a su mejor amigo. Cuando eso ocurre, la verdad es que su ángel de la guarda accionó un contacto con el de su amigo. Es la razón de ciertas coincidencias: usted se dirige a la casa de esa persona y es ella quien viene a su encuentro, lo llama, o ya le dejó un recado, etc,.

¿Sabía usted que en el plano astral todo eso sucede 48 horas antes de ocurrir el encuentro o relación? ¿No es maravilloso?

"Amigo es algo para guardarse en el lado izquierdo del pecho, dentro del corazón", así decía la canción de Milton Nascimento.

¿Los ángeles moran en el cielo?

Ellos viven en el plano etéreo, o cielo. En otra esfera o dimensión que no es la misma del mundo de los espíritus, de las personas que desencarnaron. Un tratado medieval afirma que hay 390 cielos, o planos etéricos. En ese mundo etérico los ángeles no conversan como los humanos; el contacto se hace de manera telepática, con una rapidez increíble. San Agustín afirmaba: "No habrá dos sociedades en la ciudad de Dios, una de los hombres y otra de los ángeles, sino una". En 1982, la organización Gallup, mostró que el 71% de los americanos creía que el cielo era la morada de los ángeles.

¿Esta el ángel todo el tiempo a nuestro lado?

Es obvio que no, en caso contrario, nunca sufriríamos alguna perdida o dolor. Tampoco seríamos objeto de maldad, ya que nuestro ángel de la guarda nunca admitiría tal situación. Él nos protege desde el cielo, desde el plano etéreo, a través de mensajes mentales o coincidencias. Cuando tenemos nuestro cuerpo físico en reposo, él nos ayuda en los sueños interrumpiendo los desenlaces malos por medio de las pesadillas. Por eso, no debemos contarlos. Si hablamos, esos sueños malos se quedan impregnados en nuestra aura y pueden perjudicarnos. El sueño bueno sí puede contarse para fijar en el aura el mantra de la sonoridad. De esa forma, las personas justas sentirán nuestra energía áurica y harán que las cosas buenas sucedan más prontamente.

¿Los ángeles pueden realizar curas?

Sí, por medio de nuestras oraciones. Cuando oramos, nuestra aura se expande y el ángel guardián logra permanecer a nuestro lado, fortaleciendo nuestro poder de sanación, concentrado en las manos. Para intensificar el poder curativo de las oraciones, debemos mentalizar al príncipe angelical Rafael (Dios: cura) y encender una vela verde, pidiendo el restablecimiento de la persona enferma.

¿Los ángeles tienen colores específicos?

En los textos angelicales el color rojo está asociado con los *serafines*, pues su amor por la humanidad es tan maravilloso que se transforman en bolas de fuego. A los *querubines* se les asignó el color azul, pues el profeta Ezequiel vio un zafiro azul sobre la cabeza de uno de ellos. Cuando me preguntaron los colores de los ángeles para modelarlos, indiqué, basada en los estudios cabalísticos, que los *serafines* eran blancos con un manto rojo y que los *querubines* tenían ropa blanca y un manto blanco resplandeciente. Los *tronos* mantos de color morado. Los *dominios* (o *dominaciones*) están asociados con el color vinotinto, ya que Uriel responde a las emergencias a través de velas rojas o vinotinto. Los ángeles de la cualidad *potencias* tienen el color melocotón como su preferido. Los ángeles de la cualidad *virtudes*, liderados por Rafael, tienen el manto de color verde, asociado a la cura. Rosado es el color de los ángeles de la cualidad *principados*, asociado al príncipe Haniel como "jefe de los cupidos", ligado al amor. Los ángeles de la cualidad *arcángeles*, liderados por Miguel, son azules, y los ángeles, liderados por el ángel Gabriel, son amarillos, el color que simboliza rapidez en los acontecimientos y pensamientos.

¿Existe el ángel de la muerte?

En realidad, nuestro ángel guardián, que se acopla a nuestra aura cuando inspiramos por primera vez en la hora del nacimiento, permanece con nosotros hasta los últimos años, volviéndose sutil y elevándose al plano etéreo durante la fase adulta. Cuando estamos por desencarnar, nuestro ángel guardián se acopla nuevamente en el aura. Por eso, cuando las personas están agonizando, ven una luz grandiosa o sienten la presencia de seres angelicales en sus visiones. Este ángel nos orienta en cuanto a lo que tiene que ver con nuestra próxima etapa de la vida, haciéndonos conscientes de ésta. La imagen de un ángel portando una guadaña fue utilizada en la Edad Media, simbólicamente para afirmar que los ricos y los pobres tendrán el mismo fin, se convertirán en polvo a la hora de la muerte. Esa imagen no aparece en ninguna cita en los libros que tratan sobre ángeles.

Si la palabra es importante, ¿existe alguna palabra que los ángeles utilicen para alejar la negatividad?

Para cortar una pesadilla, empleamos la palabra "inconstancia" (enseñada por el maestro Saint-Germain). Cuando se pronuncia, esta palabra tiene el poder de anular la fuerza de un mal pensamiento o del miedo. Por otro lado, se recomienda que la palabra *"momentum"* se diga cuando nos acordamos de un sueño bueno, ya que esta tiene el poder de sustentar por más tiempo nuestro pedido en el plano etéreo. El cuerpo humano es único; a eso se debe que desempeñe muchas funciones diferentes a partir de la misma fuente. Lo mismo puede decirse de nuestro ángel solar.

¿Los ángeles pueden ser diferentes para cada religión?

Creo que el ángel aparece de acuerdo a nuestro conocimiento. Tal vez se manifieste en la forma de un pariente o de una entidad espiritual, hay quien cree que los ángeles son extraterrestres. El profeta Ezequiel, en el primer capítulo de su libro, cuenta que vio una estructura semejante a la de una gran rueda multicolor a la que llamó "O Fanins Hanam". Es curioso el parecido con la palabra UFO. Es importante resaltar que los ángeles siempre nos quieren ayudar. Nunca tienen la intención de asustarnos. Para algunos pueden aparecer con ropa blanca, aureola y alas. O presentarse para otros con camiseta y jeans. ¿Por qué no? En verdad, la forma cómo usted visualice a su ángel es semejante a la forma de su alma, de su interior. Sinceramente, lo que más me agrada es la imagen de un ángel con la forma de un niño, que en esencia es lo que somos al lidiar con una energía tan pura.

¿Cuántos ángeles podrían protegernos?

Buscados por su hora o fecha de nacimiento, usted los encontrará en las tablas contenidas en esta obra. Algunas personas, al leer sobre los ángeles de la guarda, encontraron que no tenían nada que ver con su personalidad. Recuerde que no escogemos a nuestro protector, porque, antes de nacer, fue asignado que en el día X y el ángel Y protegería nuestro cuerpo físico contra accidentes y otras fatalidades. Y que el ángel de la hora del nacimiento actuaría en la fortificación de la moralidad.

En uno de los pasajes de la Biblia, está escrito que el número de ángeles de regreso al trono de Dios es de 10 mil. En otro, el número llega a los 100 millones (10 mil veces más). La tradición judaica enseña que para cada persona hay dos ángeles: uno bueno, que ayuda a encontrar el camino del bien, y el ángel contrario, que inducirá a realizar malas acciones. Todo dependerá de lo que usted crea en realidad.

Si estamos bien, automáticamente se refuerzan nuestra simpatía y nuestra presencia. Cuando estamos tristes o deprimidos nuestra aura disminuye y el ángel no actúa, fortaleciendo a nuestro ángel contrario. Eso nos hace antipáticos. El ángel guardián, que no participa de las infelicidades, pide ayuda para que otro ángel resuelva nuestros problemas.

¿Desde cuándo nos protegen ellos?

En el vientre de la madre, es el ángel de la guarda de ella quien protege al hijo, no obstante, en el plano astral, él ya está a su lado. Después de nacer, en la primera inspiración (*piro* es fuego, Dios es representado por el fuego = activo) el ángel se acopla a nuestra aura hasta los siete años. A partir de los ocho años, comienza a desligarse, regresando al plano etéreo y volviendo todos los días durante 20 minutos (verifique la hora correcta, de acuerdo con su ángel). No importa que a esa hora usted esté durmiendo, él sintetiza todos sus pensamientos y palabras, llevándolos al plano astral para ser realizados. Por eso, debemos ser positivos y evitar hablar de amarguras o decir malas palabras. Lo que para nosotros es feo es triplicado en el mundo de los ángeles. Vale resaltar que algunas personas creen en la protección del ángel sólo después del bautismo. Entonces, qué pasa con los hindúes, los judíos y las personas de otras religiones que no administran este sacramento? ¿Será que esos juzgamientos ya no son tan excesivos?

¿Estuvo presente nuestro ángel guardián ayudándonos en otras encarnaciones?

Creo que no. En cada vida, orientado por un ángel específico, usted desempeñó una función. Es curioso notar que, para cada jerarquía, tenemos una forma de anclaje y, así mismo, algunas personas, después de analizar a los ángeles, ¡dicen tener afinidad con todos ellos!

¿No son independientes?

No, cada grupo de ocho ángeles es liderado por un príncipe. Por lo tanto, son nueve príncipes gobernados por el príncipe de los serafines: Metatron. Para los gnósticos, los ángeles no son espíritus sino extensiones de Dios.

¿Es necesario tener un don especial para verlos?

Creo que no. Ellos se manifiestan de todas las formas, especialmente de las más sutiles que usted pueda imaginar. Así como estamos presos en la tierra por la ley de la gravedad y no podemos quedarnos suspendidos en el aire, los ángeles tienen dificultades para quedarse con nosotros en la tierra. Lo que le da consistencia a su permanencia es la luz o energía de nuestra aura. De una manera más sencilla, podríamos decir que el aura es para el ángel lo mismo que el oxígeno es para nosotros.

¿Ellos ya fueron seres humanos?

Creo que no. Una lectora me preguntó si su ángel puede reencarnar. La idea me parece confusa, ya que el ángel no es un "espíritu" sino conocimiento del Todo-Luz, matriz y alma del universo.

¿Cuál es su verdadera función?

Proteger y salvar a todos los seres del planeta y orientarlos en su evolución.

¿Los ángeles tienen sexo?

Por ser luces, creo que no. Infortunadamente, la Iglesia Católica condenó cualquier pintura angelical con representación femenina (incluso fue más allá, prohibiendo representaciones de diosas griegas, hadas, etc,.).

¿Ya hizo usted algún pedido a su ángel y no obtuvo respuesta, o no recibió la gracia dentro del tiempo previsto?

Entonces reflexione: ¿tiene idea de cuántas veces él intentó, en vano, entrar en contacto con usted, que inmerso en el corre-corre diario no le permitió actuar, al punto de no poder ayudarlo? Por eso, conozca los horarios del paso de su ángel. Si ocurre de madrugada, el contacto se realiza a través de los sueños y todo es más fácil. Ahora, imagínese que en ese horario usted estuviera discutiendo, hablando mal de alguien o tal vez pensando en futilidades. ¿Sabe lo que eso puede acarrear en su vida? Las futilidades conllevan a una vida bastante mediocre! Hay un proverbio árabe que dice: "usted es lo que come y habla; es como las personas con quien anda". El hombre es, frecuentemente, víctima de su forma de pensamiento. Él la construye pero no es lo suficientemente fuerte para manejarla, debido a que su aura está muy contaminada. Por lo general, sus pedidos son vagos y, consecuentemente, autodestruidos luego de realizados. También está el factor kármico, al cual toda forma o pensamiento es sometida, esto no significa sufrimiento sino evolución.

No creo en el destino, eso de que todo está en las manos de Dios; al final, tenemos el poder del libre albedrío. Entre tanto, con base en los estudios, llegué a la conclusión de que el día de nuestro nacimiento y de nuestra desencarnación están marcados. Concluí también que algunas personas serían especiales o dotadas de suerte, tal vez por la realización de buenas acciones en otras vidas. Pero, no obstante, todos tenemos un don. Utilice ese don con trabajo y mucho esfuerzo para prosperar. Todos los trabajos son bendecidos; recuerde que los ángeles no protegen a las personas ociosas. El tiempo es muy precioso para desperdiciarlo. Dios le dio 24 horas por día a todas las personas del mundo entero.

¿Cómo se alimenta un ángel?

En el plano etéreo no existe esa preocupación. Por ser iluminados para anclar en la tierra, necesitan de mucha luz natural, lugares aireados y buena ventilación para sentirse en casa. La quema de incienso también es recomendable, ya que este hace más agradables los ambientes. Los ángeles no gustan de lugares oscuros o desordenados.

¿Escuchan ellos nuestras oraciones?

Cuando oramos, nuestro ángel no escucha ni entiende las palabras. En ese momento nuestra aura cambia de color, y es eso lo que el comprende. Cuando oramos, nuestra aura se vuelve azul o verde. Cuando abrazamos a un ser querido, se vuelve de color rosado, lo que hace, con seguridad, que nuestro ángel bata las alas en el plano etéreo.

¿A usted le gusta orar por las personas? Elija el horario de la noche, pues durante el día existe mucha interferencia en forma de pensamiento. En la noche todos duermen, y el pedido u oración llega al cielo con mayor rapidez. Un pedido demora, en promedio, 48 horas para romper la barrera material. Por lo tanto, acostúmbrese a pedir lo que desea con dos días de anticipación, sea lo que sea, un encuentro, una audiencia. Pero hágalo de manera sutil. Trate al ángel como a un amigo, no lo presione ni mendigue. Hable con él como lo hace con las personas con quien usted convive. No olvide: su ángel es su mejor amigo! No obstante, no es aconsejable rezar por los demás cuando usted está enfermo.

¿Cuál sería el lenguaje de los ángeles?

Algunos autores dicen que ellos no comprenden las consonantes, sólo las vocales, como los sonidos monosilábicos de los bebés. ¿Entonces, cuál sería el lenguaje de los ángeles? Si utilizan algún idioma para comunicarse, debe ser el hebreo –la lengua usada por Dios Padre en el Evangelio y hablada por Cristo Hijo cuando predicaba–. Todos los idiomas pasaron por diversas transformaciones, menos el hebreo. Los ángeles son intelecto puro, sin marcas, caracteres o cualquier señal humana. Entre los varios tipos de caracteres hebreos existe uno muy antiguo que era utilizado por Moisés y sus profetas. Diseñado por la posición de los astros, fue denominado Escritura Celestial (cada ángel tiene el nombre escrito de esa forma; ver capítulo "signatura de los ángeles").

Los nombres verdaderos de los ángeles son conocidos solamente por Dios y tienen esencia divina: "Mi ángel irá en tu frente, obsérvalo, pues Mi Nombre está en él". Los maestros hebreos adjudican a Adán esa elección: "el Señor colocó todas las cosas que había creado delante de Adán para que él les diera nombre, y, a medida que designaba a cada una de ellas, así empezaron a ser llamadas". En mis investigaciones, los ángeles aparecen con muchos nombres diferentes.

¿Podemos entrar en contacto con los ángeles a través de los sueños?

A través del mundo de los sueños, podemos entrar en contacto con el mundo celestial. Todos nosotros soñamos. Aunque, por lo general no los recordamos. En esos momentos estamos conversando y recibiendo orientación de nuestros ángeles guardianes. Como ya lo expliqué, cuando usted tiene una pesadilla, su ángel está interrumpiendo una disonancia áurica. No lo olvide: cuando la recuerde diga la palabra "inconstancia" y no le cuente la pesadilla a nadie.

Una de las tareas de las jerarquías angelicales es colocar imágenes fértiles en nuestro mundo interior. Por eso es que los sueños buenos deben contarse. Ese acto irradia y llena de alegría nuestra aura. No lo olvide: para nutrirlo diga la palabra "*momentum*".

En cada despertar es aconsejable tratar de acordarse de los sueños. Los mensajes que ellos transmiten muchas veces nos ayudarán a afrontar mejor el día. Infortunadamente, en la vida agitada del hombre moderno se hace prácticamente imposible esa reflexión.

¿Ser zurdo denota mayor espiritualidad?

Sí, es más fácil hacer una conexión con el mundo mágico. El cerebro está dividido en dos hemisferios: el derecho y el izquierdo. Mientras que la persona diestra utiliza el izquierdo, que rige la razón, el zurdo emplea principalmente el derecho, que acentúa las habilidades artísticas y la intuición. Creo que los ángeles deben proteger a los zurdos, pues ellos son muy desdichados.

¿Los ángeles aparecen en todas las culturas?

Sí, en el mundo entero. Dios estaba más cerca de las religiones antiguas y por consiguiente los ángeles también. La religión judeo-cristiana los hizo tan inaccesibles que tenemos miedo de invocarlos de manera equivocada.

¿Por qué tienen alas?

Algunos estudios revelan que el emperador romano Constantino, antes de una batalla, visualizó un ángel con alas y aureolas. En esa época, se practicaba el culto al sol como símbolo de crecimiento y fortalecimiento. El año comenzaba el día 19 de marzo, fecha en que inicia el año esotérico y, curiosamente, día de san José y de Saint-Germain. Como en el tarot el día 19 corresponde a la carta del "sol", se cree que el emperador no visualizó una aureola, sino que en verdad encontró una forma de rendirle homenaje al sol.

En el Antiguo Testamento, las aves creadas por Dios en el quinto día no eran aves sino ángeles. C.W. Leadbeater, estudioso del tema angelical, declaró que los ángeles proyectan halos de energía etérea que dan la impresión de ser alas.

¿Dónde nacieron los ángeles?

Gracias a los descubrimientos de la astronomía se comprobó que existe un espacio vacío entre los planetas Marte y Júpiter. Fragmentos de una explosión en esa área circulan alrededor de nuestro astro mayor, el Sol. Podríamos suponer que en este lugar se llevó a cabo una batalla entre los ángeles buenos y los malos.

¿Cómo queda nuestro ángel de la guarda cuando los seres humanos utilizan la fuerza del genio contrario o se dejan llevar por ella?

La tendencia del mal es propagarse más rápido que el bien, y nuestro ángel no interfiere en el libre albedrío. Las personas que nacen el mismo día tienen la misma luz; está en cada una de ellas elegir el camino del bien. Como Dios le dio al hombre el libre albedrío, la elección entre el bien y el mal es personal.

Ángeles cabalísticos

*L*a palabra "cábala" es deletreada de varias maneras: *kabbalah* es, generalmente, la manera preferida por los estudiantes y *qabalah* por los ocultistas. Significa "tradición" o conocimiento transmitido por la tradición oral. Originalmente judía, fue adoptada por humanistas cristianos durante el Renacimiento, y tuvo un poderoso impacto entre los místicos y magos de varias escuelas de meditación durante los siglos XIX y XX.

Ningún texto que hable sobre la cábala puede considerarse sencillo.

Existen diferencias bien definidas entre la cábala clásica, formada en los siglos XII y XIII al sur de Francia y España, y la cábala creada desde el Siglo XVI en adelante, en la cual predominaron las enseñanzas de Isaac Luria (1534-1572), el "León sagrado", guardadas en Palestina.

La cábala "comprende muchos nombres sagrados que deben ser invocados, y varios movimientos corporales para alcanzar más fácilmente la gloria del Padre Eterno"

La escalera de la cábala de la tierra hacia el cielo (representación del sueño de Jacob, en el cual 72 ángeles suben y bajan por una escalera) puede servirle a los místicos que buscan una bendición indescriptible de comunicación con Dios, y a los estudiosos de los seres angelicales que buscan dominar las fuerzas espirituales y materiales, entre los cuales el concepto de Dios es muy elevado y de un alto poder.

El cabalista es estudiante de la "ciencia secreta", aquel que interpreta el significado oculto de los nombres angelicales. Con la ayuda de la cábala numerológica expone su verdadero significado a través de esos medios.

Para la cábala, la letra es una potencia. El agrupamiento de las letras forma un nombre, dando origen a un poderoso centro de energía.

Dios es representado por la letra yod, que es la décima letra del alfabeto hebreo (yod=10). Si le agregamos al 10 las grandezas 15, 21, 26, que son para la numerología los valores de los grupos de las letras de la palabra Jehová, tendremos como resultado 72 (10+15+21+26=72).

Como los judíos ortodoxos no pronuncian el nombre de Dios, los cabalistas desdoblaron la palabra Jehová a lo largo de los tres versículos misteriosos del capítulo 14 del Éxodo y agregaron los nombres divinos Iah, El, Ael, Iel; con esos desdoblamientos y terminaciones dieron nombre a los 72 ángeles. Cada ángel ejerce influencia en cinco fechas de nuestro calendario porque, por orden divina, cinco letras hebreas se le agregaron a cada ángel, por lo tanto 72x5=360. faltaron apenas cinco días (31 de mayo, 12 de agosto, 24 de octubre, 5 de enero y 19 de marzo) para completar los 365 que forman el año; los cabalistas le asignaron estas fechas a los ÁNGELES (o GENIOS) DE LA HUMANIDAD.

En la tabla que sigue, están relacionados los 72 ángeles o genios cabalísticos (como se conocían antiguamente), junto con las cinco fechas de nuestro calendario en las cuales ellos ejercen influencia. Localizándose la fecha de nacimiento, se descubre el número del ángel personal. Por medio de ese número, se encuentran la jerarquía y el nombre con todos los detalles sobre cada uno de ellos.

TABLA DE LOS 72 ÁNGELES CABALÍSTICOS

1º genio	20/marzo	01/junio	13/agosto	25/octubre	06/enero
2º genio	21/marzo	02/junio	14/agosto	26/octubre	07/enero
3º genio	22/marzo	03/junio	15/agosto	27/octubre	08/enero
4º genio	23/marzo	04/junio	16/agosto	28/octubre	09/enero
5º genio	24/marzo	05/junio	17/agosto	29/octubre	10/enero
6º genio	25/marzo	06/junio	18/agosto	30/octubre	11/enero
7º genio	26/marzo	07/junio	19/agosto	31/octubre	12/enero
8º genio	27/marzo	08/junio	20/agosto	01/noviemb.	13/enero
9º genio	28/marzo	09/junio	21/agosto	02/noviemb.	14/enero
10º genio	29/marzo	10/junio	22/agosto	03/noviemb.	15/enero
11º genio	30/marzo	11/junio	23/agosto	04/noviemb.	16/enero
12º genio	31/marzo	12/junio	24/agosto	05/noviemb.	17/enero
13º genio	01/abril	13/junio	25/agosto	06/noviemb.	18/enero
14º genio	02/abril	14/junio	26/agosto	07/noviemb.	19/enero
15º genio	03/abril	15/junio	27/agosto	08/noviemb.	20/enero
16º genio	04/abril	16/junio	28/agosto	09/noviemb.	21/enero
17º genio	05/abril	17/junio	29/agosto	10/noviemb.	22/enero
18º genio	06/abril	18/junio	30/agosto	11/noviemb.	23/enero
19º genio	07/abril	19/junio	31/agosto	12/noviemb.	24/enero
20º genio	08/abril	20/junio	01/sept.	13/noviemb.	25/enero
21º genio	09/abril	21/junio	02/sept.	14/noviemb.	26/enero
22º genio	10/abril	22/junio	03/sept.	15/noviemb.	27/enero
23º genio	11/abril	23/junio	04/sept.	16/noviemb.	28/enero
24º genio	12/abril	24/junio	05/sept.	17/noviemb.	29/enero
25º genio	13/abril	25/junio	06/sept.	18/noviemb.	30/enero

26º genio	14/abril	26/junio	07/sept.	19/noviemb.	31/enero
27º genio	15/abril	27/junio	08/sept.	20/noviemb.	01/febrero
28º genio	16/abril	28/junio	09/sept.	21/noviemb.	02/febrero
29º genio	17/abril	29/junio	10/sept.	22/noviemb.	03/febrero
30º genio	18/abril	30/junio	11/sept.	23/noviemb.	04/febrero
31º genio	19/abril	01/julio	12/sept.	24/noviemb.	05/febrero
32º genio	20/abril	02/julio	13/sept.	25/noviemb.	06/febrero
33º genio	21/abril	03/julio	14/sept.	26/noviemb.	07/febrero
34º genio	22/abril	04/julio	15/sept.	27/noviemb.	08/febrero
35º genio	23/abril	05/julio	16/sept.	28/noviemb.	09/febrero
36º genio	24/abril	06/julio	17/sept.	29/noviemb.	10/febrero
37º genio	25/abril	07/julio	18/sept.	30/noviemb.	11/febrero
38º genio	26/abril	08/julio	19/sept.	01/diciemb.	12/febrero
39º genio	27/abril	09/julio	20/sept.	02/diciemb.	13/febrero
40º genio	28/abril	10/julio	21/sept.	03/diciemb.	14/febrero
41º genio	29/abril	11/julio	22/sept.	04/diciemb.	15/febrero
42º genio	30/abril	12/julio	23/sept.	05/diciemb.	16/febrero
43º genio	01/mayo	13/julio	24/sept.	06/diciemb.	17/febrero
44º genio	02/mayo	14/julio	25/sept.	07/diciemb.	18/febrero
45º genio	03/mayo	15/julio	26/sept.	08/diciemb.	19/febrero
46º genio	04/mayo	16/julio	27/sept.	09/diciemb.	20/febrero
47º genio	05/mayo	17/julio	28/sept.	10/diciemb.	21/febrero
48º genio	06/mayo	18/julio	29/sept.	11/diciemb.	22/febrero
49º genio	07/mayo	19/julio	30/sept.	12/diciemb.	23/febrero
50º genio	08/mayo	20/julio	01/octubre	13/diciemb.	24/febrero
51º genio	09/mayo	21/julio	02/octubre	14/diciemb.	25/febrero
52º genio	10/mayo	22/julio	03/octubre	15/diciemb.	26/febrero

53º genio	11/mayo	23/julio	04/octubre	16/diciemb.	27/febrero
54º genio	12/mayo	24/julio	05/octubre	17/diciemb.	28y29/feb.
55º genio	13/mayo	25/julio	06/octubre	18/diciemb.	01/marzo
56º genio	14/mayo	26/julio	07/octubre	19/diciemb.	02/marzo
57º genio	15/mayo	27/julio	08/octubre	20/diciemb.	03/marzo
58º genio	16/mayo	28/julio	09/octubre	21/diciemb.	04/marzo
59º genio	17/mayo	29/julio	10/octubre	22/diciemb.	05/marzo
60º genio	18/mayo	30/julio	11/octubre	23/diciemb.	06/marzo
61º genio	19/mayo	31/julio	12/octubre	24/diciemb.	07/marzo
62º genio	20/mayo	01/agosto	13/octubre	25/diciemb.	08/marzo
63º genio	21/mayo	02/agosto	14/octubre	26/diciemb.	09/marzo
64º genio	22/mayo	03/agosto	15/octubre	27/diciemb.	10/marzo
65º genio	23/mayo	04/agosto	16/octubre	28/diciemb.	11/marzo
66º genio	24/mayo	05/agosto	17/octubre	29/diciemb.	12/marzo
67º genio	25/mayo	06/agosto	18/octubre	30/diciemb.	13/marzo
68º genio	26/mayo	07/agosto	19/octubre	31/diciemb.	14/marzo
69º genio	27/mayo	08/agosto	20/octubre	01/enero	15/marzo
70º genio	28/mayo	09/agosto	21/octubre	02/enero	16/marzo
71º genio	29/mayo	10/agosto	22/octubre	03/enero	17/marzo
72º genio	30/mayo	11/agosto	23/octubre	04/enero	18/marzo

Ángeles
de la humanidad

*E*sta jerarquía es llamada la de los "Señores del sacrificio". La energía empleada por ella es la del poder del verbo: el lenguaje. Los ángeles de la humanidad son representaciones simbólicas del cuidado que Dios tiene sobre la humanidad. Fueron llamados los Señores del sacrificio porque, en otras vidas, le dieron un nivel superior de conciencia al grupo en que vivían. Según Helena Blavatsky, estos seres serían pilares de luz, el principio divino que está instalado en la forma humana.

Solamente la presencia física de las personas nacidas el 19/03, 31/05, 12/08, 05/01 y 24/10 logra alejar al genio contrario de una familia o de un grupo. Cuando dicto cursos en los que participan personas nacidas en los días gobernados por los ángeles de la humanidad, estos son más tranquilos y sencillos. En el nivel cósmico, ellas producen la fuerza total de la conciencia, dando una combinación inteligente, lo que en cierta forma representa una alianza con Dios.

Si usted forma parte de esa categoría se debe estar preguntando: "¿Entonces, no tengo ángel? Al principio no, pues ya tienen una esencia angelical muy fuerte, como recompensa por actos humanitarios, a través de los cuales su propia vida fue dada en beneficio de un grupo. No obstante, en la hora de su nacimiento, había un ángel presente para ayudarlo en esa nueva vida. Si usted conoce la hora, busque en la tabla; en caso de que no la sepa, elija un ángel de la guarda entre los 72 que hay.

Los genios de la humanidad poseen costumbres y leyes admirables. Deben aprender a vibrar positivamente, tener más valor y no conformarse con la opiniones corrientes de la gente. También deben ser enemigos de la impureza, de la ignorancia y del libertinaje. Tendrán mucho respeto por los seres humanos, honrando su palabra. Esas almas inmortales vivieron durante muchos siglos aquí en la tierra. Los ángeles terrenales nunca podrán transgredir esas leyes, dejándose dominar por el genio contrario. Si eso ocurre, su misión no se cumplirá, y todo se volverá contra ellos.

La amistad o la misma unión de dos personas nacidas en los días gobernados por los ángeles de la humanidad es un vínculo divino con Dios.

Investigadores teúrgicos (del griego *Theos*, "Dios", y *ergon*, "obra", peritos en la ciencia esotérica de los santuarios de los grandes países, practicaban la "magia ceremonial" a través de la invocación de la fuerza de los elementales asociados a los días de las personas nacidas como ángeles de la humanidad. Los teúrgicos más importantes que desarrollaron estudios sobre el tema, fueron Jámblico (Iamblichius) y Porfirio. Nacido en Siria, Jámblico vivió en el Siglo III. Explicaba que esas personas podían practicar la magia elevada a través de sus cuerpos astral y mental, o sea que los pensamientos buenos son transformados en magia benéfica y los pensamientos malos en magia negra o maligna. Porfirio (Porphyrius), nació en Tiro y perteneció a una familia judía. Sólo consiguió entender las ideas de Jámblico a los 60 años de edad. El principal objetivo de su filosofía era la moralidad.

studio
de los ángeles

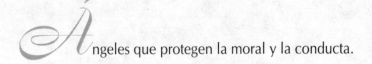ngeles que protegen la moral y la conducta.

Por medio del día y mes de su nacimiento usted encontró su ángel solar, el ángel que fue designado por Dios para proteger su cuerpo físico. Cuando usted aún no estaba dotado de conciencia astral y optó por regresar a la tierra, ese ángel lo acompañó.

No obstante, cuando entró en la dimensión terrenal, otro ángel solar estaba presente en la hora de su nacimiento. Es posible que el mismo ángel lo haya acompañado hasta la tierra y lo haya protegido en ese momento. Pero, normalmente, son dos los ángeles que lo protegen, algunas veces de la misma categoría angelical. O hasta tres, si a la hora de su nacimiento recibió la influencia de dos ángeles.

Por lo tanto, si usted es un ángel de la humanidad, verifique la hora de su nacimiento y el ángel protector correspondiente.

> Ej: Nacimiento: 19/3 Hora 15h10
>
> Ángel correspondiente:
> Cualidad virtud
> Ángel número 46 - **ARIEL**

En caso de desconocer la hora de nacimiento, elija entre los 72 ángeles el protector con características más parecidas a su personalidad.

TABLA DE LAS HORAS

Serafines	Querubines
1. VEHUIAH: de 0h00 a 0h20	9. HAZIEL: de 2h40 a 3h00
2. JELIEL: de 0h20 a 0h40	10. ALADIAH: de 3h00 a 3h20
3. SITAEL: de 0h40 a 1h00	11. LAOVIAH: de 3h20 a 3h40
4. ELEMIAH: de 1h00 a 1h20	12. HAHAHIAH: de 3h40 a 4h00
5. MAHASIAH: de 1h20 a 1h40	13. YESALEL: de 4h00 a 4h20
6. LELAHEL: de 1h40 a 2h00	14. MEBAHEL: de 4h20 a 4h40
7. ACHAIAH: de 2h00 a 2h20	15. HARIEL: de 4h40 a 5h00
8. CAHETHEL: de 2h20 a 2h40	16. HEKAMIAH: de 5h00 a 5h20

Tronos	Dominaciones
17. LAUVIAH: de 5h20 a 5h40	25. NITH-HAIAH: de 8h00 a 8h20
18. CALIEL: de 5h40 a 6h60	26. HAAIAH: de 8h20 a 8h40
19. LEUVIAH: de 6h00 a 6h20	27. IERATHEL: de 8h40 a 9h00
20. PAHALIAH: de 6h20 a 6h40	28. SEHEIAH: de 9h00 a 9h20
21. NELCHAEL: de 6h40 a 7h00	29. REYEL: de 9h20 a 9h40
22. IEIAIEL: de 7h00 a 7h20	30. OMAEL: de 9h40 a 10h00
23. MELAHEL: de 7h20 a 7h40	31. LECABEL: de 10h00 a 10h20
24. HAHEUIAH: de 7h40 a 8h00	32. VASAHIAH: de 10h20 a 10h40

Potencias	Virtudes
33. IEHUIAH: de 10h40 a 11h00	41. HAHAHEL: de 13h20 a 13h40
34. LEHAHIAH: de 11h00 a 11h20	42. MIKAEL: de 13h40 a 14h00
35. CHAVAKIAH: de 11h20 a 11h40	43. VEULIAH: de 14h00 a 14h20
36. MENADEL: de 11h40 a 12h00	44. YELAIAH: de 14h20 a 14h40
37. ANIEL: de 12h00 a 12h20	45. SEALIAH: de 14h40 a 15h00
38. HAAMIAH: de 12h20 a 12h40	46. ARIEL: de 15h00 a 15h20
39. REHAEL: de 12h40 a 13h00	47. ASALIAH: de 15h20 a 15h40
40. IEIAZEL: de 13h00 a 13h20	48. MIHAEL: de 15h40 a 16h00

Principados

49. VEHUEL: de 16h00 a 16h20
50. DANIEL: de 16h20 a 16h40
51. HAHASIAH: de 16h40 a 17h00
52. IMAMAIAH: de 17h00 a 17h20
53. NANAEL: de 17h20 a 17h40
54. NITHAEL: de 17h40 a 18h00
55. MEBAHIAH: de 18h00 a 18h20
56. POIEL: de 18h20 a 18h40

Arcángeles

57. NEMAMIAH: de 18h40 a 19h00
58. IEIALEL: de 19h00 a 19h20
59. HARAHEL: de 19h20 a 19h40
60. MITZRAEL: de 19h40 a 20h00
61. UMABEL: de 20h00 a 20h20
62. IAH-HEL: de 20h20 a 20h40
63. ANAUEL: de 20h40 a 21h00
64. MEHIEL: de 21h00 a 21h20

Ángeles

65. DAMABIAH: de 21h20 a 21h40
66. MANAKEL: de 21h40 a 22h00
67. AYEL: de 22h00 a 22h20
68. HABUHIAH: de 22h20 a 22h40
69. ROCHEL: de 22h40 a 23h00
70. YABAMIAH: de 23h00 a 23h20
71. HAIAIEL: de 23h20 a 23h40
72. MUMIAH: de 23h40 a 24h00

Angeles de la humanidad y su relación con los elementos

⟫ ✳ ⟪

Día 19/03

Asociado al elemento ÉTER

Representado espiritualmente por el cielo y
por todos los ángeles.

Personalidad: está completamente consciente de su fuerza y magnetismo. Ejerce dominio sobre todos con gran facilidad. Es organizado, con gran sentido del deber, desprende mucha energía en los negocios nuevos o desafiantes. Probablemente encuentra equilibrio cuando trabaja en equipo. Procura su propio bien sin olvidar a los demás.

Genio contrario: domina la impulsividad, las aventuras amorosas, el egoísmo y la violencia.

Día 05/01

Asociado al elemento TIERRA

Personalidad: paciente, con inteligencia aguda, tiene facilidad para exponer las ideas, esto lo hace una persona de éxito. Fiel, amigo y protegido de los dioses, es perseverante y ejerce el poder con un sentido exacto de la justicia. Es un excelente consejero.

Genio contrario: domina la impaciencia, el orgullo exagerado, el egocentrismo y la falta de modestia.

Día 31/05

Asociado al elemento **AIRE**

Personalidad: siempre está experimentando y conociendo cosas nuevas, así como las aves van siempre de rama en rama. Busca la adaptación de cosas que instigan su inteligencia. Es un investigador extremadamente curioso e individualista. Posee gran capacidad de comunicación y es práctico a la hora de exponer sus ideas y objetivos. Es superactivo, siempre está "inventando".

Genio contrario: domina la hipocresía, el nerviosismo, la pereza y la inconsistencia en el amor.

Día 12/08

Asociado al elemento **FUEGO**

Personalidad: extrovertido, dotado de enorme energía y poder, le gusta enfrentar situaciones difíciles y siempre las supera. Su energía es igual a la del sol. Nació para brillar, es orgulloso y trabajador.

Genio contrario: Domina la depresión, la inercia y el abuso de poder. No sabe perder, pero acepta la derrota.

Día 24/10

Asociado al elemento **AGUA**

Personalidad: es altamente emotivo, persistente y de gran intuición, que bien canalizada, trabaja directamente con los poderes paranormales. Resiste a todas las adversidades y siempre está dispuesto a defender lo que desea, en todas las áreas.

Genio contrario: domina los celos excesivos, la desconfianza y el uso de la potencialidad intuitiva en la práctica de la magia negra.

Los ángeles de la humanidad tienen facilidad en contactar a los elementales de la naturaleza.

Tengo un relato muy interesante para contar de una persona nacida en esta fecha:

"Estaba a bordo de un navío a punto de naufragar y comencé a orarle a las ondinas (elemento agua).

Le pedí a todos los pasajeros que se arrodillaran y se concentraran en la oración. Todos se tomaron de las manos e invocaron a los ángeles, y lo que pudo haber sido una tragedia tuvo un final feliz".

*Invocación
de los elementos
de la naturaleza*

*L*a primera regla a seguir para obtener éxito en la invocación de los elementales es respetar la energía de la naturaleza. Utilícela solamente para pedir cosas u obras grandiosas y dignas, con humildad y sin egoísmo. Si es posible, haga siempre el pedido acompañado del elemento correspondiente al elemental invocado.

Elemento Tierra
GNOMOS
Con los pies descalzos, tocando la tierra.

Elemento Agua
ONDINAS
Con los pies descalzos y un recipiente de agua cristalina junto a usted.

Elemento Fuego
SALAMANDRAS
Con una llama encendida, puede ser la llama de una vela.

Elemento Aire
SILFOS
Inspire profundamente antes de hacer el pedido y elija un lugar sin ningún tipo de contaminación sonora o visual.

Elemento Éter

ÉTER

Con los pies descalzos, en un lugar tranquilo,
Con un incienso del aroma que usted prefiera.

Invoque con respeto y concentración para que ocurra la transmutación de los pedidos a esa categoría angelical que está más cerca de nosotros, invocando el contacto con los ángeles cabalísticos. Sólo podrá invocarlos cuando sienta necesidad real. Dirija siempre sus invocaciones e intención al príncipe Metatron, padre de los elementales. Hable en voz alta y vibrante. Si lo desea, invoque el ángel consagrado al día de la semana en que hará la invocación.

Recuerde que el hombre parece frágil como una flor cuando tiene problemas, pero su capacidad de raciocinio lo convierte en el ser vivo más poderoso de la tierra.

Elemento Tierra

GNOMOS

Si es posible invóquelos al final de la tarde. Es importante tener los pies descalzos, pisando tierra. Esa invocación ayuda en la adquisición de riquezas y bienes materiales. Invoque, pidiendo siempre estas riquezas para el mundo, para las personas necesitadas, para los seres queridos. No pida solamente para usted, pues puede ocurrir exactamente lo contrario.

INVOCACIÓN A LOS GNOMOS

Yo os saludo, gnomos,
Que formáis la representación del elemento tierra,
Vosotros que formáis la base de la fortaleza de la tierra,
Ayudadme a transformar,
A construir todas las estructuras materiales,
Así como una raíz fortifica al árbol frondoso.
Gnomos,
Poseedores de los secretos ocultos,
Hacedme perfecto y noble, digno de vuestra ayuda.
Maestros de la tierra,
Yo os saludo fraternalmente.
Amén.

Elemento Fuego

SALAMANDRAS

Invocar durante los primeros rayos del sol. Si esto no es posible, es necesario que el elemento fuego esté presente. Lo más indicado es el uso de la vela. Esta invocación se hace con el fin de tener más fuerza de voluntad, valor, vigor, entusiasmo y buenos proyectos. Actúa en el trabajo y en la espiritualidad.

INVOCACIÓN A LAS SALAMANDRAS

Yo os saludo, salamandras,
Que formáis la representación del elemento fuego.
Pido que, con vuestro trabajo,

Me proporcionéis poder para resolverlo todo,
De acuerdo con vuestra voluntad,
Alimentando mi fuego interno,
Aumentando la llama trina de mi corazón,
Y así formar un nuevo universo.
Maestros del fuego,
Yo os saludo fraternalmente.
Amén.

Elemento Agua

ONDINAS

Invocarlas orientado hacia el norte, cerca de agua corriente. Si esto no es posible, deje cerca un recipiente con agua fresca y cristalina. Quédese descalzo. Esta invocación ayuda a obtener amor, intuición y todas las cosas positivas del agua.

INVOCACIÓN A LAS ONDINAS

Yo os saludo, ondinas,
Que formáis la representación del elemento agua.
Conserva la pureza de mi alma,
Como el elemento más precioso de mi vida,
Y de mi organismo,
Hacedme pleno de vuestra creación fecunda,
Y dadme siempre intuición de forma noble y correcta.
Maestros del agua,
Yo os saludo fraternalmente.
Amén.

Elemento Aire

SILFOS

Invocarlos, si es posible, temprano en la mañana, preferiblemente caminando. Esta invocación actúa en la conducción de un pensamiento hacia una persona determinada, en resolución de negocios o de una situación preocupante.

INVOCACIÓN A LOS SILFOS

Yo os saludo, silfos,
Que formáis la representación del aire y de los vientos,
Portadores de los mensajes para toda la tierra,
Deposito en vosotros,
Mi inmensa confianza,
Pues mis pensamientos son siempre positivos,
Dirigidos hacia el amor de todas las cosas existentes,
Haced de mi la imagen del esplendor de la luz.
Haced de ese pensamiento mi milagro!
Maestros del aire,
Yo os saludo fraternalmente.
Amén.

Elemento Éter

ÉTER

No se invoca el elemento éter por ser la esencia del universo (como los ángeles son seres etéreos, invocar el éter sería los mismo que invocar a los ángeles).

Angel (genio) contrario

≈►❋◄≈

*J*uan Calvino, en la época de la Reforma, afirmaba que Satanás era un instrumento de Dios, que estaba bajo control divino y trabajaba dentro de límites preestablecidos. Orígenes (185 al 252) escribió que somos criaturas de doble naturaleza: racional –Dios es inteligencia: cuando pensamos, estamos con Él– y animal –semejante a la bestia–.

¿Por qué existe el mal? Es difícil encontrar una razón para que un ángel se rebele contra Dios.

"Algunos ángeles sintieron celos de Dios y se rebelaron. Se enamoraron de las hijas de Noé y fueron condenados a vivir presos en el mundo inferior, en esa fuerza impensada, fría, llamada infierno". Es probable que eso estuviera previsto por Dios. Él, que a través de su gracia y bondad perdona a todos, no dio, en este caso, la remisión de la pena a los ángeles. Dios no podía hacer eso, ya que Él no interfiere en el libre albedrío de los hombres.

Adán es representado por un árbol (de la vida), cuyo tronco representa a la humanidad, las ramas a las razas y las hojas a los individuos. Los males provienen de las hojas secas, lastimadas y viejas que caen, transformándose en abono y fortificando el árbol, que así dará frutos buenos y deliciosos. Los cabalistas hebreos llamaban "corteza" a los genios contrarios. De la misma forma que la corteza protege al árbol contra las plagas y el rigor del clima, la energía del ángel contrario puede revertirse en su beneficio si usted piensa, razona, o sea, si está cerca de Dios.

Todos estamos sujetos a cometer errores; no obstante, reincidir en ellos puede significar la actuación de los genios contrarios. La duda y la sensación de vacío en el corazón también son señales de que ellos están actuando.

El jefe de los ángeles caídos es Satanás, que en hebreo significa "adversario". Dicen que el ángel contrario ronda al ser humano como un león –en un dibujo alquimista representa el instinto–. Cuando usted piensa negativamente, le da vida a ese león.

Existe en otra dimensión, inferior al coro de los nueve ángeles, otro coro de seres que, en lugar de cantar, gritan y hablan, induciendo a las personas a realizar actos contra la naturaleza. Cuando los ángeles no son invocados en un país, es esta jerarquía la que asume el comando, provocando guerras, pestes, etc.

El ángel contrario que actúa dentro de nosotros es mil veces más peligroso que cualquier ser vivo. Un ser vivo puede intentar matarnos, pero un genio contrario intenta corromper nuestra alma.

El genio contrario representa la ilusión, la codicia, la avaricia y el egoísmo. Puede definirse como "un conjunto de fuerzas que vibra de forma inferior". Al practicar la magia blanca, usted se irá convirtiendo en un iniciado, un mago blanco, y tendrá poder para alejarlo. Con un yo superior en armonía con lo espiritual, él no tendrá fuerzas para desarrollarse. La vibración superior en su forma de pensamiento y de sus palabras y acciones evitará que el genio contrario se acerque.

Al genio contrario no le gustan los ambientes perfumados, por eso se recomienda usar inciensos. Tampoco le gustan los lugares donde haya bebés de hasta siete meses: su presencia hace que el pierda su fuerza.

La fuerzas inferiores son instrumentos de trabajo de los ángeles contrarios. Están relacionados con el sexo depravado y todas las enfermedades venéreas. Poseen dos órganos genitales, dos sexos y se fecundan solos. También el vicio –la dependencia del alcohol y de las drogas- es gobernado por ellos. Usted ya debió haber escuchado a un alcohólico o a un toxicómano decir: "Quiero parar, pero no puedo! Es más fuerte que yo..."

Existe la creencia de que todos los estudios y conocimientos paranormales, especialmente relacionados con los oráculos y las conjeturas, son cosas del demonio. Una tontería, ya que su fuerza no radica en el oráculo sino en el carácter de quien lo utiliza.

Es posible que ya haya escuchado decir: "Mi santo no va con el de esa persona". En verdad, es su sensibilidad la que detecta el genio contrario de alguien. Es en la falta de confianza que se siente la presencia de esa fuerza.

Limpieza de la casa

⟲⟶✳⟵⟲

$\mathcal{V}$amos a dar algunas orientaciones para que su casa quede libre de cualquier energía negativa que pueda perjudicar a sus moradores.

No podemos olvidar que la calidad del aire que respiramos es muy importante. La renovación del aire debe ser constante; por eso, deje las ventanas siempre abiertas para que el aire no se estanque. Cuando la casa permanece mucho tiempo cerrada, puede causar lo que llamamos "síndrome del edificio enfermo", trayendo problemas de salud, dolores de cabeza, alergias, etc,.

Las plantas ayudan a la purificación del aire, mantenga en su casa plantas como heliconias, helechos, margaritas, sábilas, crisantemos y lirios. Al igual que los seres humanos, las plantas requieren una atención especial en las partes maltratadas, marchitas o amarillentas, por lo tanto, retírelas para que crezcan mejor y con mayor vigor. Las plantas absorben hasta un 50% de la acumulación de miasmas negativos.

Cada ambiente "vibra" con un determinado color. Por ejemplo, en el lugar destinado a la alimentación, se pueden usar objetos rojos o naranja, esos colores estimulan el apetito.

En las alcobas, los colores más indicados son el azul, tranquilizante, o el verde, que es renovador.

Los tonos pastel, como el salmón, traen de vuelta a la mente, por medio de la visualización, los aspectos maternales. El amarillo puede estar presente en la habitación de los hijos, ya que este estimula la actividad mental. Debemos recordar que el negro absorbe y retiene luz. Por lo tanto, los objetos oscuros deben estar constantemente limpios. El marrón simboliza la tierra, el deseo de permanecer aquí. El color rosado emite amor, paz y equilibrio. El ceniza representa la perfección, el deseo de estar en armonía con todo. Aleja todo y cualquier pensamiento que no esté en armonía. El blanco, que reúne todos los colores, simboliza paz y tranquilidad ambiental. Las personas enfermas se recuperan más rápido en ambientes con tonos claros.

La entrada principal de la casa debe quedar del lado norte. Si eso no es posible, coloque al norte una imagen del arcángel Miguel, protector del hogar contra robos, energías negativas, etc.

La energía fluye por la casa. Cuando está saturada, se deposita en los rincones. Por eso, siempre que aparezcan polillas, telarañas, etc., remuévalas. Una costumbre que tenemos después de limpiar nuestra casa, después de barrerla, es la de llevar la mugre hacia un rincón. Eso no es apropiado.

Algo que se emplea desde hace años es un vaso de agua con sal detrás de la puerta. La sal es un saturante natural de energía. Ponga en un vaso de agua un poco de sal. Si esta permanece en el fondo del vaso, el ambiente es bueno. Si se cristaliza en el borde del vaso, está limpiando el ambiente. De cualquier modo, el agua debe cambiarse por lo menos una vez al mes.

Si usted tiene predilección por las antigüedades, después de adquirirlas déjelas tomar sol durante un día. También puede arrojarles un puñado de sal refinada o colocar un cristal claro sobre ellas.

Dentro del estudio de la angelología, no se recomiendan los espejos. Estos retratan el genio contrario, y la presencia de muchos puede perturbar el ambiente. Tanto así que, donde hay un espejo, las personas siempre se detienen a darse un vistazo (narcisismo).

Para terminar, un consejo para la limpieza de su casa. Bata en la licuadora dos tazas de azúcar y dos de clavos. Eche ese polvo en un incensario y haga una especie de fumigación, teniendo una oración siempre en mente.

Así como la presencia del ángel es muy sutil, la presencia del ángel contrario se nota cuando ocurren desentendimientos y falta de armonía, sin motivo aparente, entre las personas que conviven en una misma casa. Si usted está pasando por una situación parecida, escriba de forma invisible, o sea, simbólicamente, en la batiente de la puerta de la entrada, el nombre de los ángeles de las personas que habitan en su casa. En las habitaciones, "escriba" en los rincones de las paredes el nombre de los ángeles de quien duerme en ellas, y haga la siguiente oración: Cada casa tiene un rincón, cada rincón tiene un ángel, en el nombre del Padre, del Hijo y del Espíritu Santo, Amén.

Príncipes angelicales

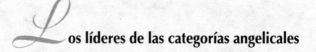

Los líderes de las categorías angelicales

La jerarquía angelical está formada por nueve cualidades, cada una liderada por un príncipe que gobierna ocho ángeles:

Ángeles	Cualidades	Príncipes
01 a 08	Serafines	Metatron
09 a 16	Querubines	Raziel
17 a 24	Tronos	Tsaphkiel
25 a 32	Dominaciones	Tsadkiel
33 a 40	Potencias	Camael
41 a 48	Virtudes	Rafael
49 a 56	Principados	Haniel
57 a 64	Arcángeles	Miguel
65 a 72	Ángeles	Gabriel

Los ángeles
y sus alas

*D*esde el Renacimiento hasta hoy, la impresión que tengo es que algunos pintores perdieron el interés en los ángeles, menos en los querubines, que se emplean para demostrar la inocencia y la paz del espíritu. Pero del Siglo XII al XV los ángeles aparecían en todo lugar. Para esos artistas, el dilema era colocar alas en los cuerpos humanos de esos ángeles, dando la impresión de que el mecanismo de las alas y de vuelo eran posible. Las alas escogidas para ser colocadas en un cuerpo angelical eran modeladas utilizando imágenes de aves. Otros artistas, como Leonardo da Vinci, Boticelli y Caravaggio, empleaban alas de cisnes, águilas y gansos para adornar los hombros de los cuerpos celestiales.

Los artistas renacentistas, en su intento por crear una conexión física entre la forma humana y las alas, usaban como modelos las figuras de la Grecia helénica. Si consideramos la aplicación de alas a la forma humana como realidad anatómica, llegaremos a la conclusión de que ningún ángel podría volar: se verían sometidos a las leyes de la gravedad. En caso contrario, nunca lograrían levantarse del suelo.

Rafael y Caravaggio influyeron en otros artistas en la visión del ángel que tenemos en la actualidad, que se manifiesta como un ser real de carne y hueso con reacciones humanas normales para la fuerza de gravedad. De hecho, esa es una referencia contraria a la que sugiere la Biblia; "los ángeles ocupan toda la gravedad humana".

Entonces, si los ángeles pesan 200 libras (0,45359237 x 200 = 90,7 kgs), ¿qué tamaño deberían tener sus alas para permitir que ellos vuelen? Las aves más grandes de la tierra, como el pelícano blanco, pesan de 25 a 30 libras. Necesitan tener alas de aproximadamente 4 metros para levantar ese volumen. El récord de vuelo de aves grandes es del ganso canadiense, el cual pesa 4 libras.

Si calculamos las medidas de un ángel alto, con un peso corporal de unas 200 libras, necesitaría de un ala de 12 metros por 40. Eso indica que las modestas alas del Renacimiento no son más que una licencia poética.

En ese sentido parece seguro asumir que los ángeles eran no-sustanciales, o sin peso, o, de no ser así, tenían algo desconocido, tal vez una compensación divina. Si obedecieran a las leyes de la gravedad, habrían sido monstruosos. Leyendo el Génesis, capítulo 32, versículo 25, encontramos una cita interesante: "Jacob vio un ángel cuando soñaba. Éste luchó contra él hasta rayar el alba. Viendo que no podía dominar a Jacob, le tocó el tendón del muslo que al instante se secó. Según esto, el ángel puede ser de una materia insustancial, etérica, pero aún así lo suficientemente fuerte para dislocar la cadera de Jacob.

Sin duda, podemos decir que las ficciones angelicales legadas por los artistas renacentistas deben considerarse entre los vuelos más fantásticos concebidos por la imaginación.

Ángeles de la semana

$\mathcal{C}$ada día de la semana está regido por un príncipe de la jerarquía angelical.

El control de la semana lo ejerce el príncipe Raziel. El control del mes el príncipe Metatron.

Los días de la semana son regidos por:	
Domingo	Rafael
Lunes	Gabriel
Martes	Camael
Miércoles	Miguel
Jueves	Haniel
Viernes	Tsadkiel
Sábado	Tsaphkiel

La iglesia Católica considera el día 29 de septiembre como la fiesta de los príncipes angelicales Miguel, Gabriel y Rafael.

El arcángel Miguel es recordado dos veces en el libro de Daniel como protector particular del pueblo elegido (Daniel 10, 13 y 12-1). La carta de San Judas (v.9) lo muestra en lucha con Satanás por el cuerpo de Moisés. El día 29 de septiembre es el aniversario de una iglesia dedicada a él en Roma.

Tan pronto, Gabriel, el príncipe de los ángeles, se le apareció a Zacarías, anunció el nacimiento de Juan Bautista y de Jesucristo. El príncipe angelical de la categoría virtudes, Rafael, aparece en el libro de Tobías como acompañante en su viaje. San Lucas muestra que muchas veces la intervención de los ángeles se dio en los orígenes de la Iglesia, porque con la venida de Cristo, la humanidad entró en una nueva era. Los ángeles vienen de Dios, "enviados al servicio y para la gloria de aquellos que deben ser salvados".

El 2 de octubre se conmemora el día de los santos ángeles de la guarda. Esa fiesta se volvió popular a partir del Siglo XVI. En el calendario romano fue introducida en el año 1615.

Jerarquía
angelical y anclaje

≈⇒❋⇐≈

Serafines

Genio: 1º/8º
Príncipe: Metatron
Anclaje: Libros/Oraciones/Salmos
Características: personas maduras, sabias; tienen una relación fuerte con Dios. Son fuertes, nobles, pacientes y de modales agradables. Viven en paz con todos. Aman la verdad, son intuitivas y tienen poderes para curar con imposición de manos (energización).
Países: Egipto/Israel/Turquía/Países Árabes

Querubines

Genio: 9º/16º
Príncipe: Raziel
Anclaje: Dulces/Niños
Características: son sinceros, perdonan fácilmente, adoran reconciliar a las personas, gozan de excelente salud. Normalmente tienen revelaciones a través de los sueños. Son buenos amigos y sinceros en sus actitudes y comportamiento.

Países: España/Italia/Francia

Tronos

Genio: 17º/24º
Príncipe: Tsaphkiel
Anclaje: Música
Características: tienen afinidad con la poesía y la música. Son personas siempre dispuestas a ayudar; aun cuando no tengan cultura, están dotadas de mucha sabiduría. Tienen facilidad para desplazarse en el astral. Cuestionan las religiones y les causa temor dirigir.
Países: Alemania/Austria/Inglaterra.

Dominaciones

Genio: 25º/32º
Príncipe: Tsadkiel
Anclaje: Velas/Oráculos/Informática
Características: Son personas de nivel espiritual elevado. Magos, buenos abogados (adoran defender a las personas). Les gusta viajar y aman la soledad. Normalmente son excelentes abogados y literatos. Trabajan con facilidad en los asuntos relacionados con la prensa en general.
Países: Grecia/Perú/India/China

Potencias

Genio: 33º/40º
Príncipe: Camael
Anclaje: Animales (evitar la ingestión de carnes rojas)
Características: Son personas que detestan el sufrimiento de sus semejantes. Les gusta la naturaleza, la lectura, y son excelentes padres y jefes. Estas personas están destinadas a mantener las leyes del equilibrio del universo.
País/Continente: Brasil/África

Virtudes

Genio: 41º/48º
Príncipe: Rafael
Anclaje: Aromas/Cura/Arte en general
Características: les gustan las esculturas y las pinturas. Son personas capaces de operar milagros. Tienen gran afinidad para el contacto con maestros ascendidos de la fraternidad blanca.

Países: Canadá/México/Japón

Arcángeles

Genio: 57º/64º
Príncipe: Miguel
Anclaje: Flores
Características: son excelentes escritores y arquitectos. Son religiosos; tienen dulzura de carácter. Les gusta mucho cuidar del cuerpo.

País/Ciudad: Tíbet/Jerusalén

Principados

Genio: 49º/56º
Príncipe: Haniel
Anclaje: Cristales/Plantas/Naturaleza
Características: son personas con mucha suerte en el trabajo y en la profesión. Viven situaciones embarazosas de las cuales se logran librar con facilidad.

Países: Suecia/Chile/Islas griegas/Filipinas

Ángeles

Genio: 65º/72º
Príncipe: Gabriel
Anclaje: Frutas/Alimentación
Características: Adoran la libertad. No tienen apego al dinero (gastos). Les gusta el campo. Tienen buen humor, son bromistas y muy inteligentes. Se casan varias veces. Siempre están cambiando. Tienen varios hijos, protegen a los pobres y a los enfermos.
Países: Posiblemente ya vivieron en casi todos los países

Pantáculos

*L*os pantáculos (pan= todo, kleos=acción benéfica) son receptores de ondas y fluidos benéficos y aisladores de ondas maléficas. No son talismanes, sino el resultado de obras intelectuales producto de la comunión con el espíritu. Fueron creados, estudiados y concebidos con esmero y dedicación, teniendo en cuenta un propósito definido. Representan una especie de oración manifiesta, concebida en forma de dibujos o grabados.

Los pantáculos son letras (de la misma familia) y escritos desconocidos que protegen los secretos de los espíritus angelicales y sus nombres contra el uso de la lectura profana. Son caracteres de espíritus buenos, de la orden superior o de revelaciones, de los versículos misteriosos del Éxodo. Ellos representan el nombre de Yahvé (Dios) con un emblema de las 72 letras que dieron origen al nombre de los ángeles por la igualdad de número: "Quién de entre vosotros es tan fuerte como Dios".

El estudio de los pantáculos contenido en este libro es hebreo, asimilado y adaptado por las culturas orientales, especialmente la egipcia.

El mayor creador de pantáculos fue Salomón, hijo de Betsabé y de David, rey de Israel. Un gran organizador que consolidó el reino de David y construyó el Templo y el Palacio Real de Jerusalén. Sus estudios se conservan en el Museo Británico.

Esos talismanes fueron usados por reyes que, con fe en las señales escritas, garantizaron la victoria sobre los enemigos. Por ejemplo, los primeros cristianos copiaron sobre pergaminos algunos de sus pasajes. Posteriormente, fueron aceptados y utilizados para crear el pantáculo católico. El más célebre de esos creadores fue el Papa León III (750-816), quien coronó al emperador Carlo Magno.

¿Cómo un simple dibujo puede traer tantas influencias benéficas? Si todo ese conocimiento sobre los pantáculos fuera una ilusión, con seguridad, estos habrían desaparecido. Como el hombre, antes de ser crédulo es desconfiado, nada mejor que experimentar.

¿Cómo utilizarlos?

Antes que nada, no olvide que el pantáculo correspondiente a su pedido sólo tendrá un efecto mágico cuando se posicione en el "molde" del pantáculo universal.

En primer lugar, saque una fotocopia del pantáculo universal. Recorte la parte interna acompañando la forma del círculo menor, sin afectar los caracteres hebreos que constituyen su molde.

Después, escoja entre los pantáculos que siguen, el que más le agrade, o varios que suplan sus necesidades. Saque una fotocopia de ese (os) pantáculo (s). Escriba al respaldo su nombre completo y la fecha de su nacimiento.

El pantáculo escogido por usted deberá montarse. Utilice como molde el dibujo con letras hebreas, recortado del pantáculo universal. Su pantáculo estará mágicamente hablando para protegerlo. Haga esta oración:

"En nombre del Todopoderoso, el Creador del cielo y de la tierra, en nombre del ángel Rafael, en nombre del ángel (nombre de su ángel) y de todos los príncipes y serafines; en nombre de Dios, que cura y tiene en sus manos los orígenes de las alturas y de lo terrenal, concédeme buen éxito, a mí que escribo este talismán para (su nombre completo), que proteja los 248 huesos de mi cuerpo; que este talismán me proteja del cautiverio y del castigo extremo, que me ayude, que me proporcione éxito y me proteja de los malignos, de las murmuraciones, de un adversario invencible, de todos aquellos que se levantan contra mí para perjudicarme de obra, de palabra, de intención y de los malos designios. Concédeme la gracia y benevolencia de su trono divino, a los ojos de todas las criaturas de buena fortuna. Amén."

Usted puede conservarlo todo el tiempo que quiera, también puede cambiarlo de lugar. No es problema que lo vean otras personas. Nunca le dé su pantáculo a nadie.

Existen varias formas de utilizar el pantáculo: enrollado como un pergamino; en el batiente interno de la puerta de la casa; en el portarretratos, detrás de su foto; dentro de una bolsita roja; detrás de un cuadro, en la cabecera de la cama, o en un estuche especial.

Pantáculo Universal

Planeta Mercurio

Aumenta las facultades psíquicas

Planeta Venus

Sirve como protección contra los espíritus malignos

Planeta Venus

Sirve para conquistar el amor de la persona querida. Confiere simpatía.

Planeta Marte

Confiere victoria sobre los adversarios y suerte en los procesos.

Planeta Marte

Permite que sean evitados los peligros y las heridas.

Planeta Sol

Busca la realeza, el poderío, la Gloria y el éxito en la vida.

Planeta SoL

Permite alcanzar lucro en el comercio.

Planeta Mercurio	Planeta Júpiter

Aumenta el entendimiento metafísico.	Proporciona la obtención de riquezas y honra.

Planeta Luna	Planeta Saturno

Confiere autoconfianza.	Atrae la potencia de los ángeles.

Planeta Júpiter	Planeta Júpiter

Protege contra todo tipo de peligro. Protección del ángel Miguel.	Aumenta la videncia.

Para las embarazadas y los niños de 0 a 7 años

"En nombre de Dios, el Padre-Madre (+), de Dios, el hijo (+), y Dios, el Espíritu Santo (+), le pido a tus poderosos ángeles que protejan a este niño contra cualquier mala intención. Señor Miguel, arcángel del Sol, vela a favor de este niño. Amén". Observación: en este pantáculo no es necesario el uso del pantáculo universal como molde.

Signatura
de los ángeles

*L*os egipcios de la época de los faraones consagraron a Anubis como guardián de las fuerzas celestiales. Los cabalistas perfeccionaron las señales y jeroglíficos dejados en las escrituras sagradas y en el interior de las pirámides y establecieron lo que llamamos "signaturas", que sirven de protección por estar dotadas de efectos benéficos.

Una protección invisible contra cualquier riesgo proveniente del exterior ya sea mental, moral o psíquico. Por esa razón, se aconseja colocar la signatura del ángel en la puerta de entrada a la casa o al establecimiento comercial.

Saque una copia de la signatura correspondiente a su príncipe. Escoja un lugar de la puerta de entrada a la casa para colocarla o, guárdela siempre cerca de usted dentro de una bolsita roja.

Usted también puede utilizar la fuerza de los nombres de los ángeles guardianes, procediendo de la misma manera. Escriba el nombre de su ángel y los de todas las personas que habitan en la casa. Colóquelos en la batiente interna de la puerta de entrada. Utilizando su varita mágica –su dedo medio-, escriba simbólicamente, encima de la puerta, el nombre de su ángel guardián.

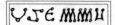

METATRON

Príncipe de los serafines

RAZIEL

Príncipe de los querubines

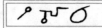

TSAPHKIEL

Príncipe de los tronos

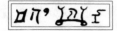

TSADKIEL

Príncipe de las dominaciones

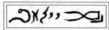

CAMAEL

Príncipe de las potencias

RAFAEL

Príncipe de las virtudes

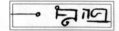

HANIEL

Príncipe de los principados

MIGUEL

Príncipe de los arcángeles

GABRIEL

Príncipe de los ángeles

Simbolismo de las velas

≈⇢✳⇠≈

*¿P*or qué usar velas de colores en el anclaje del ángel de la guarda? Vale explicar que los ángeles no nos identifican por nuestras formas físicas, como tampoco identifican nuestros pedidos como palabras. Es exactamente alrededor de la cabeza que encontramos la manifestación más fuerte de nuestra aura. Ejercitando el cerebro, diversos colores del aura sufren un proceso de mutación.

Cuando visualizamos un determinado color, nuestro cerebro actúa para que el aura lo refleje. Es, a través de ese proceso alquímico que el ángel captará y entenderá nuestros pedidos. Para cada tipo de pedido se utiliza un color de vela. Estas son el primer eslabón en la unión con los ángeles. En el ámbito de la magia, cada color posee una simbología y un significado. Por ejemplo:

Vela Blanca

Representa pureza y sinceridad. Se utiliza para obtener paz espiritual, armonía, equilibrio en nuestro hogar. Aleja al "genio contrario" que puede manifestarse en el ambiente, causando peleas, mal entendimiento entre las personas, discusiones por motivos fútiles, en fin, un malestar general. Relacionada con la luna.

Vela azul

Representa la verdad, la tranquilidad y la comprensión. Este color está asociado al planeta Júpiter, que es sinónimo de trabajo y prosperidad. Generalmente las personas que gustan del color azul son honestas, trabajadoras y amantes de decir la verdad. Este color también representa la limpieza y la transparencia de comportamiento. Debe usarse para "anclaje" cuando el pedido está relacionado, principalmente, con los negocios o con el trabajo.

Vela Amarilla

Simboliza la vida, la alegría, la fuerza, el entusiasmo, el poder y el vigor mental. Agudiza la inteligencia, agiliza el raciocinio. Este color simboliza el cambio, la mudanza y el estudio, debe usarse para los pedidos que tengan que ver con esas situaciones. El amarillo está relacionado con el planeta Sol.

Vela Rosada

Representa la belleza, el amor y la moralidad. Está relacionada con el planeta Venus, debe usarse en asuntos amorosos para fortificar relaciones afectivas o filiales, y para activar la llama interior de su alma gemela.

Vela Verde

Ligada al planeta Venus, simboliza el sosiego, la tranquilidad y el equilibrio. Debe encenderse cuando el pedido esté relacionado con la salud.

Vela Violeta o Lila

Este color está ligado al planeta Urano, tiene un vínculo fuerte con la espiritualidad. Es el color que representa al gran maestro ascendido Saint-Germain, también considerado maestro de la fraternidad blanca. Él estará rigiendo este nuevo milenio, la era de acuario, una época de cambios y transmutaciones. Debe usarse cuando el pedido esté relacionado con la espiritualidad.

Vela Roja

Asociada al planeta Marte, representa el dinamismo, la fuerza y el valor. Puede usarse en cualquier situación que represente una emergencia, pedidos que requieran de pronta solución.

UNCIÓN

La unción se menciona en el Éxodo. En las escrituras, el aceite es sagrado, "pues destila las lamparillas que arden en el rostro de Dios".

Aceitar la vela es formar un vínculo psíquico entre ella y usted. A través del tacto usted transmite energía y, de esa forma, la vela funciona como una "extensión" de los poderes de la mente.

La manera de hacer la unción de las velas está relacionada con la naturaleza del pedido a realizar. Unte un poco de aceite (de oliva, de mijo o de girasol) en las yemas de los dedos pulgares –que representan la cabeza-

y de los medios –que representan el chacra del corazón, del amor. Por ejemplo, si el pedido es para alejar cualquier cosa indeseable o dolor, pase los dedos por la vela desde la base hacia el pabilo (de abajo hacia arriba). Eso aleja las energías negativas. Pero si es para atraer cosas buenas, como un empleo, pase los dedos por la vela desde el pabilo hacia la base (de arriba hacia abajo), atrayendo las energías positivas.

Si la vela se enciende con fósforos, usted accionará las fuerzas de los elementales de las salamandras. Si la enciende con encendedor, formará un eslabón mental directo entre usted y su ángel.

Otro paso importante es la concentración. Centre y mentalice su pedido.

Si necesita apagar la vela, nunca sople. La esencia del ángel, que está cerca, puede diluirse en el éter.

MENSAJES DE LAS VELAS

Al encender una vela, es posible identificar algunos mensajes.

Vela que no enciende rápido: el ángel puede tener dificultades para anclarse. El astral a su alrededor puede estar "contaminado".

Vela quemando con luz azulada: indica la presencia de ángeles y hadas. Es una buena señal.

Llama vacilante: el ángel demuestra que, debido a las circunstancias, su pedido será modificado.

Llama que sube y baja: usted está pensando en varias cosas al mismo tiempo. Su mente no está centrada.

Llama que suelta chispas en el aire: el ángel colocará a alguien en su camino para comunicar lo que usted desea. Podrá sufrir algún tipo de decepción antes de que se cumpla su pedido.

Llama que parece un espiral: sus pedidos serán alcanzados, el ángel está llevando su mensaje.

Pabilo que se divide en dos: el pedido fue hecho de forma indecisa.

Punta del pabilo brillante: suerte y éxito en el pedido.

Vela que "llora" mucho: el ángel tiene dificultades para realizar su pedido.

Sobra un poco de pabilo y la cera queda alrededor: el ángel pide más oración.

Si la vela se apaga: el ángel ayudará en la parte más difícil del pedido, el resto lo tiene que resolver usted.

Influencias planetarias

≈ ✻ ≈

Sol

Relativo a las amistades, al ego, a la autoconfianza. La hora del Sol es buena para realizar algo en que usted necesite aparecer, salir bien, como cerrar un contrato, entrar por primera vez en un trabajo o en una casa nueva.

Luna

Se relaciona con los viajes, la libertad y las oraciones. La hora de la Luna es buena para el turismo, las meditaciones y para hacer pedido a la madre.

Júpiter

Relativo a la expansión. La hora de Júpiter es ideal para cualquier cosa que implique difusión. Buena hora para las ventas.

Mercurio

Relativo a la palabra, al don del habla. La hora de Mercurio es ideal para resolver asuntos que necesiten de oratoria.

Venus

Se relaciona con el amor. La hora de Venus es excelente para resolver cualquier asunto relacionado con el amor. Es buena para los novios, para matrimonios y para hacerse cirugías plásticas.

Saturno

Relativo a la sabiduría y al estudio. La hora de Saturno es buena para aprender, investigar, ampliar conocimientos y hacer pedidos al padre. Hora inadecuada para las ventas.

Marte

Relativo a la fuerza física. La hora de Marte es muy buena para practicar deportes o hacer algún tipo de ejercicio. Buena para luchar por un ideal y por una promoción en el trabajo.

*Maestros
ascendidos*

⊃≈↦✳↤≈⊂

*L*a Gran Fraternidad Blanca está constituida por líderes religiosos que murieron en nombre del amor. Como Avatares, almas iluminadas que no necesitan reencarnar más, están reunidas en lo que llamamos Shandala, formando la Gran Fraternidad Blanca, cuya misión es limpiar el karma de la humanidad.

Usted nació con la protección de su ángel guardián, además goza de la protección de un maestro ascendido. Para saber cuál es su maestro, encuéntrelo en el capítulo referente a su ángel protector.

A través de ellos nació la expresión "yo soy". Cuando usted dice "yo soy" se activa su conciencia acuariana, inocencia, poder, sabiduría y humildad. Si precede a la oración, ésta será sustentada eternamente por un ángel.

El primer rayo es dirigido por el maestro *El Morya*. *Su color es azul*. Protege a los economistas, a los políticos y las relaciones personales e internacionales. Si usted escogió ese color, aprecia la verdad por encima de todo. El Morya habría sido Abraham, príncipe de los caldeos, Melchor, junto a Gaspar y Baltasar. En el Siglo V fue el rey Arturo.

Es protector de las escuelas, en especial de las esotéricas o iniciáticas.

El segundo rayo es dirigido por el maestro *Lanto*. *Su color es dorado.* Otorga sabiduría a los estudiantes. Si a usted le agrada ese color, tiene una fuerte relación con el Oriente, con los Devas (tierra, mar, montaña) y con los espíritus de la naturaleza. Lanto fue Confucio en una reencarnación, en otra fue Pitágoras. También fue un sacerdote en la Atlántida.

El tercer rayo es dirigido por la maestra *Nada*. *Su color es rosado.* Ayuda en la variedad y en la interpretación de lenguas e idiomas. Ayuda también a obtener maestría en la oratoria y ejerce influencia en el lenguaje de los ángeles. Le gustan los niños. Da asistencia a profesores, psicólogos, consultores jurídicos, funcionarios públicos y hombres y mujeres de negocios.

El cuarto rayo es dirigido por el maestro *Seraphis Bey*. *Su color es blanco.* Protege a matemáticos, geómetras, físicos nucleares y bioquímicos. Protege a todos, principalmente a los más escépticos. Seraphis Bey fue sumo sacerdote en la Atlántida, junto con la maestra Nada. También fue Leonidas, rey de Esparta.

El quinto rayo es dirigido por el maestro Hilarion. Su color es verde. Protege a los científicos, a los ingenieros y a los expertos en computadores. Ayuda en el estudio de las ciencias exactas. Actúa fuertemente en el trabajo de sanación en todos los hogares y hospitales. Hilarion fue el apóstol Pablo.

El sexto rayo es dirigido por Pablo Veneciano y por el príncipe Uriel. Su color es rubí. Protege a los artistas y permite que usted desarrolle su potencial creativo a través de la pintura. El lo orienta durante el sueño para encontrar a sus seres queridos y conversar con ellos. Pablo vivió en Venecia y antes de recibir la ascensión vivió en el Perú.

El séptimo rayo es dirigido por el maestro *Saint-Germain. Su color es violeta.* A través de la fuerza de ese rayo se logra realizar cualquier tipo de milagro. Modifica un sentimiento negativo en progreso, principalmente en amor. Saint-Germain fue un gran alquimista, participó en la Revolución Francesa. También lo fue Francis Bacon, fundador de la orden Rosa-cruz; san José, padre de Jesús; Cristóbal Colón y el mago Merlín.

La luz violeta está limpiando la humanidad desde los años 60, cuando verdaderamente comenzó la era de acuario. Hoy, la Gran Fraternidad Blanca está dirigida por el maestro Jesús. En el año 2000, el responsable pasó a ser el maestro Saint-Germain.

DECRETO

Yo soy,
Bien amada presencia divina.
Yo soy en mí el bien amado
maestro Saint-Germain,
Yo os amo.
Venid con vuestros ángeles
del fuego violeta, de la libertad,
de la transformación,
de la misericordia y del amor,
Y ayudadme;
Encended vuestro fuego violeta
a través de mis sentimientos.
alejad toda sensación de miedo,
duda, celos, limitaciones,
impurezas y odio de cualquier
especie, de causas y principios,
y dadme nuevamente, Señor,
vuestra abundancia de divino
amor, de pureza, de armonía,
de libertad y de perfección.

Metales

$\mathcal{C}$omo la mayoría de las personas lo saben, encontramos metales en casi todos los reinos de la naturaleza. Pueden cambiar su forma a través de los tiempos, pero conservan la radiación de su energía. Son considerados regalos de Dios, enviados por el Sol, por los planetas y hasta por las mismas estrellas. La alquimia también se basa en el estudio de los metales, teniendo como objetivo liberar su forma pura. Veamos, entonces, algunas curiosidades de los principales metales.

Oro

Es energía solar sustanciada. Se distingue de todos los demás metales por su resistencia para formar aleaciones. Toda persona que represente a alguien u ocupe una posición destacada debe usar este metal. El oro tiene una estructura interna muy fuerte, que se refleja en la auto-afirmación. Esotéricamente, el oro ayuda a las personas que sufren de depresión, y a las que intentan o ya intentaron suicidarse. Brinda auto-confianza y elimina o destruye el complejo de inferioridad. Debe ser usado principalmente por personas nacidas bajo los signos de Leo, Aries o Sagitario.

Magnesio

Convierte cualquier suelo en buena tierra. Si una persona tiene magnesio en la sangre, posee una gran sensación de tranquilidad. El *delirium tremens* se presenta precisamente por la falta de magnesio en la sangre.

Además de retardar el envejecimiento, se utiliza en el restablecimiento del hígado y para las infecciones abdominales, alivia los prolongados cólicos menstruales y los dolores de cabeza. Se encuentra en almendras, uvas, manzanas, cerezas, melocotones y castañas.

Plata

Puede considerarse una eficiente fuente productora de la energía que necesitan los niños. Es por eso que, según la tradición, los abuelos acostumbran obsequiar a los nietos una cadena de plata. En caso de que el niño tenga dificultades en el aprendizaje escolar, procure hacerlo usar cualquier objeto o adorno de plata. En los países del Mediterráneo, las mujeres usan un adorno de plata para tornarse más fértiles.

Mercurio

Sólo se encuentra en el continente europeo, en especial en España. Rige el sistema nervioso, el pensamiento y el habla. Toda la energía del mercurio se concentra en la cabeza; es importante protegerse contra las impurezas del aire.

Cobre

En el cuerpo de la madre tierra el cobre está asociado al planeta Venus, fortaleciendo, por tanto, la energía de Venus que existe en las personas. La persona a quien le gusta el cobre por lo general es cariñosa, pues su hígado es rico en cobre. Durante muchos años se empleó para obtener simpatía y atraer así el amor. En el reino vegetal, el cobre se encuentra en el ajo, la zanahoria, la lechuga, la col, la remolacha y el girasol. Se recomienda que lo usen las personas de los signos Tauro y Libra.

Níquel

En el cuerpo humano aparece en el cabello entrecano. En el reino animal, en las yemas de los huevos de gallina y en los moluscos. Es un metal ligado a la juventud, al crecimiento y a la adaptación.

Hierro

La mayor parte del hierro que hay en la tierra es el hierro meteórico, que cae diariamente, desde hace millones y millones de años, en forma de meteoritos. En el cuerpo humano representa el color rojo de la sangre. El hierro transporta oxígeno por todo nuestro cuerpo. Lo usan principalmente los acuarianos que luchan por la libertad de elección, por una vida más natural. Ellos poseen un idealismo honesto y una voluntad de "hierro".

Plomo

Es la etapa final de la ruptura radiactiva de la materia. El plomo, al contrario de lo que se piensa, es blando, se emplea bastante en la fabricación de telas donde se aplican los cristales. Puede encontrarse en el romero, en la mejorana y en la salvia. Deber ser usado principalmente por personas del signo Piscis que, muchas veces, silenciosamente, desempeñan papeles de liderazgo con sus ideas revolucionarias.

Perfumes

$\mathcal{T}$odas las enseñanzas espiritualistas enfatizan la importancia de los aromas y los perfumes, pues poseen una capacidad para estimular la creatividad y elevar la conciencia al plano espiritual.

Por todas esas cualidades, los perfumes, los inciensos y los aromas están presentes todos los días en muchas religiones. El perfume actúa primordialmente para obtener protección psíquica. Es importante usarlo de manera inteligente. Cada ángel está asociado a un perfume, que usted podrá utilizar para proteger su chacra instintivo –el estómago (por donde entran las energías de baja espiritualidad). Por lo tanto, utilizando el dedo medio –Saturno-, aplique el perfume, fricciónelo con el pulgar alrededor del ombligo. Eso hará que su cuerpo quede protegido, "cerrado" contra la negatividad. Si usted presta atención notará que el cuerpo tiene un olor especial, propio, que se altera mediante los cambios de estado de ánimo.

Según lo que dicen los textos de aromaterapia, cuando un aroma es agradable significa que el perfume está cumpliendo su papel curativo en nuestro cuerpo. Las antiguas tradiciones mágicas, en todo el mundo, asocian los olores desagradables con el genio contrario y con formas espirituales inferiores. Los malos olores atraen entidades de baja frecuencia, con características posesivas. Note que las formas de anclaje de las categorías arcángeles y virtudes son las flores, los aromas y los inciensos, pues, así, su aura se expande, fortificando la presencia del ángel guardián. Recuerde que una gran parte del contacto con las personas ocurre en el inconsciente, y un cuerpo perfumado será asociado a la limpieza, a la armonía y a los recuerdos agradables.

La ciencia confirma que los instintos son considerados impulsos negativos, ligados al plano inferior –inferi(infierno). Su estilo de vida puede asociarse a su perfume, que, asociado a su ángel, hará que este se ancle con la protección de él. Así, el templo de nuestro cuerpo se vuelve un jardín perfumado en el cual nuestro espíritu está feliz y alegre. La parte interna de la nariz formada por cartílagos, membranas, mucosas, nervios olfativos, vellos y algunas secreciones producidas por la glándula pituitaria, que está directamente ligada con la tercera visión, el poder de la intuición. Además de eso, el perfume está directamente relacionado, por ese canal, al cerebro y a la química del cuerpo, y también a los humores.

Es importante recordar que usted debe buscar esencias puras en lugar de perfumes sintéticos.

Los ángeles en el Libro Sagrado de la Biblia

Citas en el Antiguo Testamento

Ángel de Abrahán

En la ciudad de Harán, cerca del nacimiento del río Eúfrates, moraba un viejo pastor llamado Abrahán, casado con Sara. No tenían hijos y Sara ya estaba en edad avanzada.

Abrahán era un hombre adinerado, pero triste, pues no tenía herederos a quienes legar todos sus bienes.

Una noche, miró hacia el cielo estrellado y deseó tener hijos y descendientes en número igual a las estrellas. Tomó un puñado de arena, la dejo correr entre los dedos y pidió: "Me gustaría tener hijos como granos de arena hay en este desierto". Sara, viendo su tristeza, permitió que Abrahán tuviera hijos con las esclavas, pues ella nunca podría realizar su deseo. Abrahán siguió la voluntad de su esposa y buscó a una esclava egipcia llamada Agar, que quedó embarazada y de ella nació Ismael. Pero Abrahán continuaba mirando con tristeza a las estrellas, sosteniendo en sus manos la arena del desierto. Una noche, sintió el susurro de una voz en su interior. Comprendió que era Dios quien le hablaba, orientándolo para que se dirigiera a un lugar, diciéndole que le daría un heredero con Sara. Abrahán creyó en las palabras del Señor y partió de la ciudad de Harán rumbo a Palestina. Un día, sentado a la entrada de su tienda, se le apareció de nuevo el Señor en un lugar llamado el "valle o encinar de Mambre". Sucedió, pues, que alzando los ojos, vio cerca de sí parados a tres personajes y luego que los vio corrió a su encuentro y les hizo reverencia. Inclinándose hasta el suelo, les ofreció alimento para que así pudieran proseguir su viaje. Abrahán entró apresurado donde Sara, y le dijo: "Ven pronto, amasa tres celemines de harina de flor, y cuece unos panes en el rescoldo". Luego corrió hacia el corral y, tomó al ternerillo más tierno y gordo, se lo dio a un criado para que se lo preparara a los huéspedes. Cuando todo estaba listo, Abrahán les ofreció mantequilla y leche. Habiendo comido los viajeros le preguntaron dónde estaba Sara. El respondió que en la tienda. Uno de ellos le dijo que volvería pasado un año, pues Sara su mujer tendría un hijo. Abrahán reconoció esa como la voz del Señor, la voz que ya había escuchado. También estaba seguro de que los tres personajes eran ángeles. Al oír el relato de su marido, Sara se rió, argumentando que ambos eran demasiado viejos, Pero Dios puede hacer cosas que para los hombres son imposibles.

Ángel de Agar

Y Sara tuvo un hijo en su vejez y Abrahán fue feliz. Lo llamó Isaac, que significa "Sonrisa" Ismael e Isaac crecieron juntos y, el día en que Isaac fue destetado, ofreció Abrahán un gran banquete. Pero como vio Sara que el hijo de Agar, la egipcia, se burlaba de su hijo Isaac y lo perseguía, dijo a Abrahán: "Echad fuera a esta esclava y a su hijo; que no ha de ser el hijo de la esclava heredero con mi hijo Isaac". Abrahán se entristeció al escuchar estas palabras tan duras tratándose de un hijo suyo. Pero el Señor se le apareció de nuevo y le dijo que era necesario que Agar partiera para tener nuevos descendientes, y que los hijos de Isaac conformarían una familia numerosa. Al día siguiente la esclava y su hijo partieron hacia el desierto, con agua y provisiones. Agar tomó de la mano al pequeño e intentó seguir una caravana. Pero se perdieron y el agua se acabó. Dejó al niño sentado bajo un arbusto, pues no soportaba verlo morir de sed. Ismael la llamó, con voz ronca y débil. Agar sintió el corazón dolido entonces Dios escuchó su lamento. Envió un ángel en forma de inmensa antorcha para guiarla. El ángel le preguntó ¿qué haces Agar? La mujer se frotó los ojos pensando que por el cansancio estaba alucinando. El ángel continuó. Le dijo que no tuviera temor y que tomara de las manos al pequeño porque él sería el jefe de una gran nación. De repente, Agar escuchó el correr del agua de un arroyo que no existía. Llenó el odre y le dio de beber a Ismael. Lo abrazó y sació su sed. A partir de ese día estuvieron seguros de que Dios acompañaba al pequeño Ismael, que creció convirtiéndose en un arquero muy hábil, en un jinete diestro y buen cazador. Con el tiempo se casó con una mujer egipcia, de quien todos los herederos fueron árabes, habitantes del desierto.

El ángel de Isaac

Abrahán decidió vivir en Palestina, donde sus habitantes eran agricultores y adoraban muchas deidades, ofrecían a los dioses sacrificios de corderos, becerros e incluso seres humanos. Isaac era un joven en quien sus padres habían depositado todas las esperanzas. Dios quiso someter a Abrahán a una prueba, pues quería asegurarse de que había elegido al hombre apropiado para comenzar la historia de la salvación. Un día Abrahán escuchó nuevamente la voz del Señor diciéndole: "Toma a Isaac, tu único hijo a quien tanto amas, y ve a la tierra de Moria (Visión) y allí me lo ofrecerás en sacrificio sobre uno de los montes que yo te mostraré". Abrahán no le dijo nada a Sara. A la mañana siguiente, Abrahán cortó la leña para el sacrificio y la colocó en el lomo de su asno. Llevó consigo dos criados y a su hijo Isaac y se encaminó al lugar que Dios le había señalado. Después de tres días de viaje le dijo a sus criados: "Aguardad aquí con el jumento, que mi hijo y yo subiremos al monte a adorar a Dios". Tomó la leña del sacrificio y la cargó sobre su hijo Isaac, mientras él llevaba en la cintura el cuchillo bien afilado. También llevaba una vasija de barro y carbón para hacer el fuego. En un determinado instante, Isaac preguntó: "¿Dónde está el cordero para el sacrificio?" a lo que Abrahán respondió: "En el momento oportuno Dios sabrá proveerlo". Finalmente llegaron a la cima del monte. Abrahán erigió un altar de piedras y colocó la leña para el sacrificio. Enseguida le ató las manos y las piernas a su hijo. Isaac se quedó quieto, mirando a su padre. No consiguió articular palabra alguna. Abrahán sacó el cuchillo de la cintura y cuando se aprestó a sacrificar a su hijo, un ángel del Señor gritó desde el cielo: "Abrahán, Abrahán, no extiendas tu mano sobre el muchacho, ni le hagas daño alguno, que ahora me doy por satisfecho ya que obedeces al Señor. Abrahán, admirado, levantó la mirada y vio detrás de sí un carnero enredado por las astas en un zarzal, listo para el sacrificio.

De regreso a casa, Abrahán e Isaac decidieron no contarle nada a Sara. El lugar quedo conocido como Moria "El Señor ve y provee".

Los ángeles de Jacob

Abrahán estaba viejo. Sara ya había muerto en Palestina. Antes de morir, Abrahán escogió una esposa egipcia para su hijo Isaac. Después del matrimonio, Abrahán murió. Isaac tenía 40 años cuando se casó con Rebeca, hija de Batuel. Tuvieron dos hijos: el primero se llamó Esaú y el segundo Jacob. Con el paso de los años, Esaú se convirtió en un diestro cazador mientras que Jacob prefirió quedarse en la tienda. Un día, Cuando Jacob preparaba un guisado, llegó Esaú con mucha hambre y le pidió un poco al hermano. Este le dijo que sólo lo alimentaría si cedía los derechos de primogenitura, a lo cual Esaú asintió prontamente, pues sabía que la herencia del padre sería para el hijo mayor. Después de saciar el hambre, Esaú salió de nuevo. Dios sabía que él no merecía la primogenitura, pues la había cambiado por un plato de comida. Pasaron algunos años e Isaac envejecido, casi no veía. Un día le pidió al hijo mayor que cazara un animal y le preparara un plato delicioso, para después bendecirlo ya que sentía que le faltaban fuerzas y quería despedirse para morir tranquilo. Rebeca escuchó la conversación de Isaac y sabía que Esaú no tenía las condiciones para sustituir al padre, sabía que Jacob era el indicado. Así que dispuso un plan para engañar a Isaac: "Trae dos de los mejores cabritos, prepáraselos a tu padre, que después de comerlos, te bendecirá pensando que eres Esaú". Jacob pensó en la propuesta, sabiendo que Esaú no merecía la bendición, sino él. Vestido con las ropas de Esaú, le ofreció la comida a su padre y recibió su bendición. Cuando Esaú regresó de cazar, ya era demasiado tarde. A partir de ese día, Esaú comenzó a odiar a su hermano, y Jacob se vio obligado a huir de casa, partió hacia Harán, la ciudad donde Dios le habló por primera vez a Abrahán. Decidió pasar la noche en un lugar desierto. Recostó la cabeza y se durmió. Soñó con una escalera fija en la tierra cuyo extremo llegaba hasta el cielo, y por la cual los ángeles subían y bajaban. Y el Señor se pronunció: "Yo soy el Dios de Abrahán. La tierra en que duermes te la daré a ti y a tu descendencia, que será numerosa como las estrellas del cielo. Yo los bendeciré y estaré con ustedes por donde vayan". Jacob despertó y sintió en su corazón que Dios lo amaba y comprobó que lo que hizo engañando a su padre, estuvo bien. Es así como Jacob asumió el nombre de Israel. Hizo las paces con Esaú y terminó casándose. En aquella época, se aceptaba la poligamia. Se casó con Lía y con la hermana de ésta, Raquel. Jacob tuvo doce hijos: Rubén, Simeón, Leví, Judá, Isacar, Zabulón, Dan, Neftali, Gad, Aser, José y Benjamín.

El Arca protegida por los querubines

Israel, o Jacob, hijo de Isaac, vivió en Canaán, la misma tierra donde Abrahán y posteriormente Isaac habían vivido. Cuando estaba viejo, tuvo un hijo con Raquel, llamado José, su predilecto. A los hermanos no les gustaba eso. Aprovecharon un día que José estaba lejos, lo capturaron y lo vendieron a una caravana de comerciantes de Egipto. En ese entonces José tenía 12 años. Pero Dios no lo abandonó. En Egipto terminó siendo elegido virrey. En una época de sequía y hambruna, los hermanos de José se vieron obligados a salir de la ciudad y marcharon a Egipto a comprar trigo. No se imaginaron que José era una autoridad en ese país. Por su buen corazón y por el amor hacia su padre y su hermano menor, José los perdonó por lo ocurrido en el pasado. Todos terminaron mudándose a Egipto. Los descendientes de Israel se quedaron en ese país durante 400 años y este nuevo pueblo asumió el nombre de su anciano padre, Israel. Eran tan numerosos que el faraón quiso impedir que siguieran progresando, de lo contrario, lo derrotarían. La orden del faraón fue matar a todos los primogénitos que nacieran en Israel, pueblo sometido. Un grito de dolor se elevó al cielo. Dios escuchó el lamento de su pueblo y escogió un hombre de la tribu de Leví para liberarlo. El elegido fue Moisés, que había sido salvado de las aguas del río Nilo y educado en la corte del faraón. En el monte Sinaí, Dios se apareció a Moisés como una zarza que se quemaba sin consumirse y le dijo: "Moisés regresa a Egipto y libera al pueblo de Israel. El corazón del faraón está endurecido, pero después liberará a Israel". Moisés logró sacar de Egipto al pueblo de Israel, pero el faraón se arrepintió y envió un ejército para capturar a los fugitivos. El pueblo de Israel estaba cerca del Mar Rojo y, atrás, venía el ejército del faraón. Moisés extendió su brazo e inmediatamente el mar se abrió en dos, formando un camino. El pueblo de Israel lo atravesó totalmente protegido, pero no sucedió lo mismo con los egipcios, que murieron ahogados. El pueblo de Israel llegó al desierto y en el monte Sinaí Dios le entregó a Moisés los Diez Mandamientos esculpidos en dos tablas de piedra. A partir de ese día, Israel se convirtió en el pueblo elegido de Dios. Moisés recibió instrucciones de Dios de elaborar una tienda grande donde ubicar el Arca de la Alianza, hecha de madera de setim y revestida de láminas de oro; su cornisa era de oro puro, con dos esculturas de querubines en los extremos. Dentro de ella se conservaban las tablas de la ley. Las alas de los querubines formaban el respaldo de un trono y el arca representaba el Trono de Dios. Simbólicamente, los querubines protegen el arca y, frente a la misma, los sacerdotes le oran a Dios. A ese lugar se le denomina "Santo entre los Santos". Durante 40 años el pueblo de Israel deambuló por el desierto protegido por Dios.

El ángel de Balaam

Israel estaba sufriendo de hambre y sed en el desierto. Los pueblos cercanos le temían a este Dios invisible de Israel, que habitaba en una tienda. Israel atravesó Moab, donde reinaba un hombre llamado Balac. Preocupado por la multitud que llegaba a la ciudad, el rey le envió un mensaje a su mago Balaam para que acabara con este pueblo y le ofreció un saco con monedas. Los enviados del rey pasaron la noche en la casa del mago, esperando una respuesta. Esa noche, Dios le dijo a Balaam que no se atreviera a maldecir a su pueblo. Al día siguiente, el mago rechazó el dinero del rey, y éste le ofreció una cuantía mayor. Balaam terminó cambiando de idea y se dirigió a la planicie donde acampaban los israelitas. Balaam cabalgó en mula por un camino muy estrecho, iba acompañado de dos esclavos. De repente, un ángel del Señor se le apareció en frente con una espada en la mano. La mula también vio al ángel y no pudo seguir; se quedó como pegada a la tierra. El mago le dijo al ángel del Señor: "No me hagas daño! Regresaré ahora mismo a la casa. Desobedecí la orden de Dios". El ángel le respondió: "No, sigue con tu animal y tus esclavos hasta las tiendas de los israelitas y di las palabras que te voy a sugerir". Balaam siguió las instrucciones del ángel y en ese momento llegó el rey Balac, ansioso de ver la destrucción de ese pueblo pero escuchó a Balaam diciendo las palabras sugeridas por el ángel: "¡Como son de bellas las tiendas de Israel! Son como torrentes que se deslizan suavemente, parecen jardines floridos a lo largo de un río. El Señor Dios hizo que salieran de las tierras de Egipto. Quebró todas las lanzas que eran lanzadas contra ellos". El rey se enojó al escuchar esas palabras y le ordenó que lanzara la maldición. Pero las palabras pronunciadas por el mago son una exaltación al Señor de Israel: "Estoy viendo despuntar una estrella de Israel. Un cetro surge de ese pueblo". (El mago estaba viendo a Jesús, la estrella soberana de todo el universo, siglos adelante).

El ángel de Elías

Los hijos de Israel llegaron a Palestina. El único que no acompañó a su pueblo fue Moisés, quien murió en el monte Nebo y fue sepultado en Moab. Josué tomó el lugar de Moisés, sabiendo perfectamente que su mayor dificultad sería combatir a los filisteos. El rey David estableció la capital del reino en Jerusalén. El arca sagrada quedó guardada en el templo del rey Salomón. Pero los hijos de Israel comenzaron a adorar a un dios llamado Baal, o dios de los cananeos. Al ver desde la alturas tal actitud, Dios envió a Elías, profeta del fuego, con el rey de los cananeos para lanzar un desafío: "Ofrecerán un sacrificio a su dios Baal y yo le ofreceré uno a mi Señor. No encenderemos fuego. El verdadero Dios será aquel que responda a las preces enviando fuego". Los profetas del dios Baal invocaron sin éxito a su deidad, y Elías le pidió una prueba al Señor: "Haz que una bola de fuego descienda del cielo y consuma la ofrenda, la leña y hasta las mismas piedras del altar". Cuando todos los presentes vieron admirados lo que sucedió, se inclinaron y declararon que el Dios de Elías era el verdadero Dios. Los profetas de Baal no soportaron tanta humillación y quisieron matar a Elías, que huyó hacia el monte Sinaí. Después de caminar por el desierto, perdió fuerzas. Al final de la tarde, cansado, le rogó al Señor que tomara su vida para no sufrir tanto dolor. Terminó por dormirse y soñó con un ángel que le dijo. "Cuando despiertes levántate y come". Cuando despertó, vio pan y agua junto a él. Elías comió y volvió a dormir. El ángel lo despertó y le dijo que comiera de nuevo pues el camino era bastante largo. Caminó durante 40 días y 40 noches y finalmente llegó al monte santo para encontrarse con Dios.

Los serafines se le aparecen a Isaías

Algunos pueblos paganos se rebelaron contra la ciudad de Israel. En ese tiempo, el rey era Acaz quien no sabía cómo controlar al enemigo. Dios orientó a Isaías dentro del templo de Jerusalén. Isaías vio que donde guardaban el arca estaba abierto, y vio el trono del señor con dos querubines y al Señor sentado en su solio excelso y elevado. Alrededor del Señor estaban los serafines, ángeles parecidos al fuego. Semejantes a los humanos, pero cada uno de ellos con seis alas. Con dos volaban, con otras dos cubrían el cuerpo y con las otras dos cubrían el rostro, pues ni siquiera los ángeles pueden contemplar a Dios cara a cara. El coro de los serafines se escuchaba tan fuerte que hacía vibrar las puertas de bronce del templo. Isaías sintió miedo y uno de los serafines voló hacia él con una brasa ardiente en sus manos, tocó con ella la boca del profeta y dijo: "Todos tus actos impuros están perdonados. Ahora ve y habla en nombre de Dios". A continuación Isaías escuchó la voz del Señor diciéndole que él sería el profeta que hablaría en su lugar. Y le envió el siguiente mandato al pueblo de Israel: "Si ustedes no se convierten no escucharé más sus preces. Sus ojos serán como los de los ciegos y no moraré más entre ustedes. Se acabarán todas mis obras en beneficio suyo, pero si me escuchan, seguiré siendo su Dios". Después de eso, todo regresó a la normalidad en el templo. Isaías se dirigió de inmediato al rey Acaz y le dijo que no debía temer al ejército enemigo. Además le dijo, que de la descendencia de David saldría el salvador. Isaías logró vislumbrar el futuro viendo a Jesús como descendiente de David. El profeta le siguió diciendo que los hijos de Israel debían convertirse a Dios para que Él volviera a protegerlos. Pero el mensaje no fue escuchado por el rey ni por sus herederos. Luego el ejército enemigo invadió los reinos. Sin embargo, Isaías dio un mensaje de esperanza, anunciando el amor que el Mesías –Jesús– traería a la tierra.

Tobías y el ángel

Así como sucedió con las palabras del profeta, el pueblo no quiso escuchar las palabras del Señor. Los enemigos invadieron Palestina, ocuparon Jerusalén, destruyeron el templo e hicieron cautivos a muchos hijos de Israel. Algunos exiliados no se olvidaron de Dios y de sus leyes. Entre ellos Tobías y su hijo que llevaba su mismo nombre. Tobías estaba viejo y ciego. Antes de morir le ordenó a Tobías hijo que no infringiera las leyes del Señor y también le hizo saber que cuando éste aún era niño le prestó diez talentos de plata a Gabelo, residente en Rajes, ciudad de los medos. "Ve y trae ese dinero y devuélvele el recibo" le dijo. Tobías hijo, salió en busca de alguien que conociera el camino para que lo acompañara. El ángel Rafael apareció, pero Tobías no tenía idea de que era un ángel. El joven, inocente, le preguntó a Rafael si conocía el camino a Media. El ángel respondió que sí y que también se había hospedado en casa de un hombre llamado Gabelo. Tobías, su perro y el ángel emprendieron el camino. Entrada la tarde pararon a descansar junto al río Tigris. Tobías fue hasta la orilla del río a lavarse los pies y un pez enorme salió del agua queriendo devorarlo. Tobías dio un grito y el ángel le dijo: "Agárralo de las agallas y tíralo hacia ti. Desentraña ese pez y guarda su corazón, la hiel, y el hígado pues pueden ser útiles como medicina". "La hiel sirve para untar en los ojos que tengan alguna mancha o nube y así sanarán", dijo Rafael. Asaron el pez y Tobías sació su hambre. Al día siguiente retomaron el camino, y llegaron a la ciudad. Tobías logró recobrar el dinero de Gabelo, conoció a una linda mujer y decidió casarse con ella. Al regreso, Tobías padre, llamó aparte a su hijo y le dijo que debían recompensar al joven que lo había acompañado, y opinó que lo justo era entregarle la mitad del dinero recuperado. Tobías le dijo a Rafael: "Toma tu mitad y ve en paz". El ángel llamó al padre y al hijo y les dijo: "No quiero nada. Me llamo Rafael, soy un ángel del Señor. Siempre estoy listo a ayudarlos". Al oír estas palabras, se turbaron por completo y temblando cayeron a tierra, sobre su rostro. Pero el ángel Rafael les dijo "No temáis, la paz sea con vosotros". Tres horas estuvieron postrados en tierra alabando al Señor. Cuando levantaron la cabeza el ángel ya no estaba. Salieron corriendo por las calles diciendo que habían visto al ángel Rafael. Tobías padre ya no era ciego, pues cuando su hijo le pasó la hiel por los ojos, este recobró la visión. Rafael significa "Medicina de Dios".

El ángel del horno

Jerusalén había sido tomada por Nabucodonosor, rey de Babilonia. En su honor, el rey mandó levantar una estatua de oro de 30 metros de altura. Todos los habitantes de la región fueron invitados a la ceremonia. Tres israelitas estaban presentes: Misael, Azarías, y Ananías. Al sonido de los instrumentos musicales todos deberían postrarse para adorar a la estatua de oro. Y así fue. Pero los tres israelitas no lo hicieron y fueron llevados ante el rey quien amenazó con quemarlos en un horno ardiendo, si no le rendían culto a la estatua. Los tres respondieron que nunca servirían al dios del rey. Airado con la respuesta, Nabucodonosor ordenó que fueran amarrados y lanzados al horno. Y así fue hecho. Sólo que el fuego no quemaba los cuerpos. Los soldados arrojaban más ramas secas y las llamas alcanzaron hasta 10 metros de altura. De repente, un ángel descendió al horno y alejó las llamas de los hombres. Estos, admirados, alabaron al Señor. El rey observó que los tres hombres caminaban en medio del fuego. El rey, impresionado con lo que acababa de ver, dijo: "Bendito sea su Dios que envió un ángel a socorrerlos". Después de este acontecimiento, el rey los designó para que recorrieran las provincias y comunicaran el gran acto del Dios de Israel.

El ángel de Daniel

Después de lo acontecido en el horno, Nabucodonosor comenzó a admirar al Dios de los israelitas. Pero su sucesor, Darío, no hizo lo mismo y empezaron de nuevo las persecuciones. Daniel era un profeta que interpretaba los sueños y ocupaba un cargo importante en el reino, pues el rey Darío lo respetaba. Los ministros no estaban a gusto con la predilección que el soberano tenía por el profeta y promulgaron una ley que decía que cualquiera que adorara a un dios que no fuera su propio rey debía ser castigado. El rey firmó el decreto. Al enterarse, Daniel se marchó a casa. Tres veces al día se arrodillaba y oraba al Señor, mirando hacia la ciudad santa. Los oficiales del soberano encontraron a Daniel orando y lo denunciaron inmediatamente. Daniel fue llevado ante el rey. El decreto decía que las personas que infringiesen la ley serían lanzadas a la jaula de los leones. Y así se hizo con Daniel, pero los leones no le hicieron nada. Al otro día, el rey ordenó que lo sacaran y arrojaran a los malos consejeros a la jaula de los leones: estos fueron devorados al instante. Enseguida, Darío firmó un nuevo decreto según el cual todos debían respetar al Dios de Daniel. Posteriormente, Ciro el Persa, el sucesor de Darío, decretó que todos los israelitas desterrados regresaran a su patria, donde reconstruyeron las murallas de Jerusalén y el templo. A pesar de todos los esfuerzos, ninguno encontró el arca del Señor, que se perdió cuando la ciudad santa fue saqueada.

Los ángeles
en el Libro Sagrado
de la Biblia

Nuevo Testamento

Zacarías y el ángel

Siendo Herodes rey de Judea, hubo un hombre llamado Zacarías, casado con Isabel, quienes no podían concebir hijos debido a su avanzada edad. Vivían cerca de Jerusalén y en una ocasión, cuando Zacarías estaba en el Templo del Señor, una nube densa de humo se dispersó y apareció un ángel al lado derecho del altar. Al verlo, Zacarías quedó sobrecogido de espanto. El ángel le dijo: "No temas por tu vida porque traigo una buena noticia...¡un hijo! Soy el ángel Gabriel y el Señor Dios glorificará con el Espíritu Santo este nacimiento. Le colocarás por nombre Juan, y su misión será anunciar a todos la presencia del hijo de Dios". Pero Zacarías no creyó nada de lo que el ángel decía, y Gabriel, con una mirada más severa le dijo: "Por cuanto no has creído mis palabras desde ahora quedarás mudo, y no podrás hablar, hasta el día en que se cumpla la promesa del nacimiento de tu hijo. Recuerda que nada es imposible para Dios". Y de la boca de Zacarías no salió ningún sonido, pero él estaba feliz, sabía que el ángel estaba diciendo la verdad. Salió del templo corriendo a contarle a la multitud, pero sólo podía expresarse con mímica, describía la visión del ángel, pero nadie le entendía nada. La confusión aumentó y la actitud de Zacarías comenzó a preocupar a los devotos. Al final desistió de la idea de explicarlo todo y se marchó a casa. Después de algunos meses, Isabel quedó embarazada pero no se lo contó a nadie. Recordó la historia de sus antepasados: "Así como Sara, esposa de Abrahán, quedó embarazada en la vejez, sucedió lo mismo conmigo. Bendito sea el Señor Dios".

El ángel Gabriel y María, Madre de Jesús

Isabel tenía seis meses de embarazo y Gabriel, ángel del Señor, fue enviado por Dios a la casa de María: "Dios te salve María! ¡El Señor es contigo! ¡Llena eres de gracia! Fuiste escogida por Dios. Tendrás un hijo al que llamarás Jesús, pues el Señor que habita en el altísimo lo llamará su hijo. El Señor lo proclamará rey, y su reinado nunca tendrá fin". María, con la cabeza agachada, le preguntó al ángel Gabriel: "¿Cómo podría suceder?" Y el ángel respondió: "El Espíritu Santo realizará ese prodigio. Por eso el niño que saldrá de tu vientre será santo. Tu prima Isabel espera un hijo, y ya está en edad avanzada. Porque nada es imposible para el Todopoderoso".

María, escuchó todo con rectitud y respeto, levantó el rostro y le dijo al ángel que ella era una sierva del Señor: "Que suceda en mí lo que Él dice". Sin hacer ningún ruido, el ángel se alejó de María. Ella salió rápidamente hacia la casa de su prima Isabel, donde se quedó tres meses, hasta el nacimiento del hijo de Zacarías. Isabel indicó que el pequeño se llamaría Juan. Todos los parientes se preguntaban porqué había elegido ese nombre, ya que no tenía ninguna relación con Zacarías.

Todos fueron donde Zacarías, que ya llevaba mudo nueve meses, a preguntarle cuál era el nombre que pensaba colocarle a la criatura. Él, tomó un tablero y allí escribió: "Se llamará Juan". Cuando terminó de escribir, le retornó el oído y el habla. Zacarías alabó al Señor y profetizó: "Dios vendrá al encuentro de su pueblo. Entre nosotros ha de surgir un salvador Poderoso, como lo prometieron hace mucho tiempo los profetas". Todos escucharon con admiración y se preguntaron cuál sería el futuro de ese niño, porque "La mano del Señor estaba con él". Después del nacimiento de Juan, María regresó a Nazaret, donde vivía José, quien adelantaba los preparativos para su matrimonio con ella. Un día, muy sorprendido, descubrió que María estaba embarazada y no entendía lo que sucedía, pues no llevaban vida marital. Pensó en pedirle explicaciones a María, pero no quería lastimarla. Era una situación delicada, ya que no podría casarse con una mujer embarazada de otro hombre. Mas en su interior, sabía que María era inocente. "¿Qué hago Dios mío?" José estaba confundido, pero no quería demostrar a nadie sus preocupaciones. No tenía ánimo ni para trabajar. El trabajo estaba acumulado. Pasaba el día pensando si debía casarse en otra aldea o si debía cancelar el compromiso. No sabía qué hacer. Una noche, mientras dormía, se le apareció un ángel que le dijo: "José, No sientas temor en casarte con María, pues el hijo que ella espera es fruto de la obra del Espíritu Santo y su nombre será Jesús. Él salvará a tu pueblo de los pecados. Recuerda las palabras del profeta Isaías cuando dijo que una virgen concebiría y daría a luz un hijo que sería llamado Emanuel, que significa 'Dios con nosotros'". Al amanecer, José fue hasta la casa de María. Ella, a su vez, no sabía cómo contarle a su futuro esposo sobre el embarazo. Pensaba: "Si le hablo sobre el ángel, con seguridad no me va a creer. Los ángeles hablaron con Abrahán, Isaac, y Elías. No con una mujer común como yo". José golpeó a su puerta y le dijo que la noche anterior se había enterado de todo gracias a un ángel.

"Dios habla con las personas a través de los ángeles", debió haber pensado María. Pidió perdón enseguida y José retribuyó con cariño la buena nueva de un hijo.

Pastores guiados por los ángeles

Se acercaba la hora del parto de María. En esa época se realizaba un censo y todos debían ser registrados. José nació en Belén, por esa razón partieron hacia esa ciudad. El viaje fue agotador, por la condición de María. Tuvieron que hacer varias paradas para descansar. Cerca de la aldea, José encontró una gruta limpia y libre de animales salvajes, y durante la noche María dio a luz a su primogénito. Una estrella se hacía cada vez más grande y se acercaba rápidamente. Era un ángel del Señor que se apareció a los pastores y dijo: "No teman. Soy portador de buenas nuevas. ¡Hoy nació el Salvador! Encontrarán al pequeño en un pesebre. Gloria a Dios en el cielo y paz en la tierra a los hombres de buena voluntad". Los ángeles regresaron al cielo. Y los pastores siguieron a Belén, donde encontraron a María, a José y al niño Jesús.

Jesús y los ángeles

Cuando Jesús llegó a la edad adulta se dirigió al río Jordán, se encontró con Juan, quien predicaba al pueblo explicando la necesidad del bautismo para la purificación del espíritu.

A pesar de no haber cometido pecado alguno, Jesús fue bautizado y, en aquel instante, Juan le dijo a las personas allí presentes: "Él es el Hijo de Dios, el que quita los pecados del mundo!" Desde el cielo un coro de ángeles lo saludó diciendo: "Eres el Hijo amado del Señor: en ti, Jesús, encontramos alegría".

Después, Jesús partió hacia el desierto con el propósito de prepararse para su misión. Pasados algunos días, sintió hambre. Su genio contrario apareció diciendo que el podía transformar las piedras del desierto en panes. Pero, enseguida, la voz de su corazón le dijo: "No sólo de pan vive el hombre". Más importante que el pan es escuchar la palabra de Dios. Ese es el verdadero alimento".

En otra ocasión estaba en la parte alta de las montañas y la voz del genio contrario le dijo que debería lanzarse al vacío pues no se haría daño, ya que los ángeles del Señor le protegerían. Pero Jesús pensó que sería absurdo hacer algo así. "No puedo obligar al Padre a salvarme de un acto irracional". Luego, Jesús es tentado a salvar el mundo con dinero, ayudando a los pobres con la distribución de riquezas, convirtiéndose en un rey que proveería a todos de un bienestar constante. Pero enseguida pensó de manera correcta: "El dinero no brinda felicidad a las personas. Estoy para servir, no para dominar. No ayudaré con dinero, sino con el sacrificio de la cruz".

Después de 40 días, estaba listo para la misión. Aparecieron muchos ángeles y permanecieron a su lado. De esta forma se le manifestaba Dios, diciéndole que lo amaba y estaba feliz con él. Dios y sus ángeles nunca abandonan a las personas que tienen fe.

Los niños y el Reino de los Cielos

Jesús amaba a los niños y todos lo sabían. Muchas personas llevaban sus hijos a recibir su bendición. Pero, sin que él lo supiera, eran alejados por sus discípulos. Un día, descubrió lo que hacían y se enojo. Le dijo a sus discípulos: "¡Dejad que todos los niños vengan a mí! Dios da su reino a todos aquellos que son como los niños". Enseguida abrazó a los pequeños y bendijo a cada uno de ellos.

En cierta ocasión, una gran cantidad de personas estaba escuchando a Jesús. Muy cerca de él había muchos niños. Uno de los discípulos le preguntó a Jesús: "¿Quién es el más grande en el reino de los cielos?". Jesús alzó a un niño y lo colocó entre sus discípulos. El pequeño no tenía miedo porque Jesús le sonreía. El maestro dijo a los discípulos: "Les garantizo a ustedes que si no se vuelven inocentes como este niño, no entrarán en el reino de los cielos. Aquel que sea pequeño, será grande en el reino de mi Padre. Y quien acoge a un niño en mi nombre, también me acogerá a mí".

Los ángeles de los niños son mensajeros más veloces que los ángeles de los adultos, y cuando los niños oran, sus preces y oraciones llegan más rápido a los ángeles.

Jesús, los ángeles y la Resurrección

Las autoridades decidieron apresar a Jesús y eligieron un momento en el cual Él estuviese solo, durante la noche, de sorpresa. Acordaron con Judas Iscariote pagarle 30 monedas de plata por informarle del paradero de Jesús. Después de la cena de Pascua, Jesús se dirigió al monte de los Olivos para orar. Lo discípulos lo acompañaron y Judas tomó otra dirección. Jesús le dijo a los discípulos: "Mi alma siente angustia mortal; aguardad aquí y velad conmigo". Adelantándose unos pasos, se postró en tierra, apoyado sobre su rostro, le oró al Señor diciendo: "Padre, sólo quiero hacer Tu voluntad". Dos veces interrumpió las oraciones y encontró a los discípulos durmiendo. Jesús entristeció y volvió a rezar: "Padre, que se haga Tu voluntad". Jesús estaba tan cansado que el sudor caía al suelo en gotas de sangre. El Padre envió un ángel para que confortara a su hijo, que se sentía abandonado y falto de cariño. Enseguida, llegó Judas, se aproximó a Jesús y lo saludó.

Después le besó el rostro y Jesús le dijo que hiciera lo que había venido a hacer. Los soldados aprehendieron a Jesús y le amarraron los brazos con una cuerda. Pedro despertó y con la espada atacó a un criado del sumo sacerdote, pero Jesús lo reconvino: "Pedro, guarda la espada, pues aquel que la usa, con ella ha de morir. ¿Qué quieres Pedro? ¿Piensas que no puedo acudir a mi Padre, y que pondría a mi disposición más de doce legiones de ángeles con sus espadas de fuego?". Jesús estaba solo, los discípulos se fueron. Fue procesado por las autoridades de Israel. Poncio Pilatos lo condenó a morir. Llegó el día de la crucifixión y Jesús murió en la cruz. En ese momento, la tierra se estremeció como si ocurriera un terremoto. El sol también se oscureció y las tinieblas cubrieron la tierra. Los oficiales presentes se llenaron de gran temor y decían: Verdaderamente este hombre era el Hijo de Dios. Nadie sabía dónde estaban los discípulos. María, madre de Jesús, y Nicodemo estaban presentes.

Al tercer día las mujeres fueron hasta el sepulcro, llevando consigo perfumes para ungirle el cuerpo. Sólo que en el lugar donde estaba sepultado Jesús había una piedra enorme cerrando la entrada. Cuando llegaron, la piedra había sido removida. Miraban de reojo pero no sabían si alegrarse o preocuparse. Pensaron que alguien podía haber robado el cuerpo de Jesús. Cuando entraron, el sudario estaba doblado en un canto. Al salir, aparecieron dos hombres junto a ellas vistiendo ropas brillantes y, en el fondo de la tumba aparecieron dos columnas de luz. Las mujeres inclinaron la cabeza y cerraron los ojos pues la luz era muy intensa. Los dos ángeles dijeron: "¡Vosotras no tenéis que temer! ¿Por qué buscáis entre los muertos a aquel que está vivo? Venid y mirad el lugar donde estaba sepultado Jesús. Hacedlo rápido pues debéis ir a decirle a los apóstoles que el maestro resucitó de entre los muertos". Cuando las mujeres abrieron los ojos y se levantaron, los ángeles ya no estaban allí. Dejaron los vasos con perfume y se apresuraron a contarle a los apóstoles la buena nueva. En ese mismo instante, Jesús salió a su encuentro y les dijo: "¡Dios os guarde!" y se acercó a ellas, quienes postradas en tierra abrazaron sus pies y le adoraron. Jesús dijo: "Id, avisad a mis hermanos que he resucitado". Los discípulos estaban escondidos en la casa donde se realizó la última cena. Las mujeres tocaron a la puerta, y gritaron para que les abrieran. Todas dijeron al tiempo: "¡Abran la puerta! ¡Jesús ha resucitado! Dos ángeles nos lo confirmaron. No había nada en el sepulcro. Estaba vacío. Los ángeles vinieron envueltos en una luz muy fuerte y nos enviaron a avisarles...".

Pedro y Juan salieron corriendo a ver el sepulcro. Vieron el sudario, pero no encontraron a los ángeles.

Regresaron a contarle la buena nueva a los demás discípulos. Después de la resurrección, Jesús se le apareció muchas veces a los apóstoles. Hasta que, en una ocasión, dos de ellos caminaban hacia Emaús, una aldea distante 12 kilómetros de Jerusalén, Jesús se les acercó y caminó con ellos. No lo reconocieron. El Maestro les preguntó de quién estaban hablando y le explicaron que Jesús había sido condenado a muerte y crucificado, que todos esperaban de Él la fortaleza para liberar a Israel de los romanos, pero que terminó asesinado como un bandido. Jesús les dijo que no habían entendido nada de lo sucedido, que era necesario sufrir primero para después encontrar la gloria del Señor.

Cuando llegaron a la aldea, los discípulos le dijeron a Jesús que se quedara con ellos, porque ya era tarde. Los tres se sentaron y Jesús tomó el pan, lo bendijo y lo repartió a todos. En ese momento, los discípulos lo reconocieron y Él desapareció. Comentaron entre sí que sintieron un fuego en el corazón cuando Jesús se acercó. Y durante 40 días Jesús se les apareció y los discípulos se convirtieron en apóstoles. La última vez apareció cerca del monte de los Olivos, y todos los apóstoles le preguntaron: "¿Señor, es este el momento en el cual liberarás al reino de Israel?". Los apóstoles olvidaron que sus corazones debían volver a ser como los de los niños y Jesús les respondió: "No necesitáis conocer ni el tiempo ni la hora del Padre. Todos tenéis la fortaleza del Espíritu Santo. Él hará que comprendáis las palabras que os dije durante mi vida terrenal. Vosotros os convertiréis en los testigos vivos e iréis hasta el último rincón de la tierra a propagar todas mis enseñanzas". Después de decir esto, Jesús subió a una nube y se ocultó. Todos esperaban que un viento disolviera la nube, pero no fue así. Dos hombres aparecieron con ropa blanca. Eran dos ángeles que les dijeron: "Hombres de Galilea! ¿Por qué siguen mirando hacia arriba? Un día, Él regresará de la misma forma que ustedes lo vieron partir". Y luego desaparecieron entre las nubes. Los apóstoles regresaron a Jerusalén, cantando y alabando a Dios y recordando las palabras del Profeta Daniel: "He visto descender de la nubes del cielo a alguien parecido al Hijo del Hombre".

TABLA DE LOS 72 GENIOS CABALÍSTICOS

ÁNGEL	FECHA DE NACIMIENTO					SALMO	CUALIDAD	PRÍNCIPE
Vehuiah	20/3	1/6	13/8	25/10	6/1	3	Serafín	Metatron
Jeliel	21/3	2/6	14/8	26/10	7/1	21	Serafín	Metatron
Sitael	22/3	3/6	15/8	27/10	8/1	90	Serafín	Metatron
Elemiah	23/3	4/6	16/8	28/10	9/1	6	Serafín	Metatron
Mahasiah	24/3	5/6	17/8	29/10	10/1	33	Serafín	Metatron
Lelahel	25/3	6/6	18/8	30/10	11/1	9	Serafín	Metatron
Achaiah	26/3	7/6	19/8	31/10	12/1	102	Serafín	Metatron
Cahethel	27/3	8/6	20/8	1/11	13/1	94/95	Serafín	Metatron
Haziel	28/3	9/6	21/8	2/11	14/1	24	Querubín	Raziel
Aladiah	29/3	10/6	22/8	3/11	15/1	32	Querubín	Raziel
Laoviah	30/3	11/6	23/8	4/11	16/1	17	Querubín	Raziel
Hahahiah	31/3	12/6	24/8	5/11	17/1	9	Querubín	Raziel
Yesalel	1/4	13/6	25/8	6/11	18/1	97	Querubín	Raziel
Mebahel	2/4	14/6	26/8	7/11	19/1	9	Querubín	Raziel
Hariel	3/4	15/6	27/8	8/11	20/1	93	Querubín	Raziel
Hekamiah	4/4	16/6	28/8	9/11	21/1	87	Querubín	Raziel
Lauviah	5/4	17/6	29/8	10/11	22/1	8	Tronos	Tsaphkiel
Caliel	6/4	18/6	30/8	11/11	23/1	7	Tronos	Tsaphkiel
Leuviah	7/4	19/6	31/8	12/11	24/1	39	Tronos	Tsaphkiel
Pahaliah	8/4	20/6	1/9	13/11	25/1	119	Tronos	Tsaphkiel
Nelchael	9/4	21/6	2/9	14/11	26/1	30	Tronos	Tsaphkiel
Ieiaiel	10/4	22/6	3/9	15/11	27/1	120	Tronos	Tsaphkiel
Melahel	11/4	23/6	4/9	16/11	28/1	120	Tronos	Tsaphkiel
Haheuiah	12/4	24/6	5/9	17/11	29/1	32	Tronos	Tsaphkiel
Nith.Haiah	13/4	25/6	6/9	18/11	30/1	9	Dominaciones	Tsadkiel
Haaiah	14/4	26/6	7/9	19/11	31/1	118	Dominaciones	Tsadkiel
Ierathel	15/4	27/6	8/9	20/11	1/2	139	Dominaciones	Tsadkiel
Seheiah	16/4	28/6	9/9	21/11	2/2	70	Dominaciones	Tsadkiel
Reyel	17/4	29/6	10/9	22/11	3/2	53	Dominaciones	Tsadkiel
Omael	18/4	30/6	11/9	23/11	4/2	70	Dominaciones	Tsadkiel
Lecabel	19/4	1/7	12/9	24/11	5/2	70	Dominaciones	Tsadkiel
Vasahiah	20/4	2/7	13/9	25/11	6/2	32	Dominaciones	Tsadkiel
Iehuiah	21/4	3/7	14/9	26/11	7/2	33	Potencias	Camael
Lehahiah	22/4	4/7	15/9	27/11	8/2	130	Potencias	Camael
Chavakiah	23/4	5/7	16/9	28/11	9/2	114	Potencias	Camael

ÁNGEL	FECHA DE NACIMIENTO					SALMO	CUALIDAD	PRÍNCIPE
Menadel	24/4	6/7	17/9	29/11	10/2	25	Potencias	Camael
Aniel	25/4	7/7	18/9	30/11	11/2	79	Potencias	Camael
Haamiah	26/4	8/7	19/9	1/12	12/2	90	Potencias	Camael
Rehael	27/4	9/7	20/9	2/12	13/2	29	Potencias	Camael
Ieiazel	28/4	10/7	21/9	3/12	14/2	87	Potencias	Camael
Hahahel	29/4	11/7	22/9	4/12	15/2	119	Virtudes	Rafael
Mikael	30/4	12/7	23/9	5/12	16/2	120	Virtudes	Rafael
Veuliah	1/5	13/7	24/9	6/12	17/2	87	Virtudes	Rafael
Yelaiah	2/5	14/7	25/9	7/12	18/2	118	Virtudes	Rafael
Sealiah	3/5	15/7	26/9	8/12	19/2	93	Virtudes	Rafael
Ariel	4/5	16/7	27/9	9/12	20/2	144	Virtudes	Rafael
Asaliah	5/5	17/7	28/9	10/12	21/2	104	Virtudes	Rafael
Mihael	6/5	18/7	29/9	11/12	22/2	97	Virtudes	Rafael
Vehuel	7/5	19/7	30/9	12/12	23/2	144	Principados	Haniel
Daniel	8/5	20/7	1/10	13/12	24/2	102/103	Principados	Haniel
Hahasiah	9/5	21/7	2/10	14/12	25/2	103	Principados	Haniel
Imamaiah	10/5	22/7	3/10	15/12	26/2	7	Principados	Haniel
Nanael	11/5	23/7	4/10	16/12	27/2	118	Principados	Haniel
Nithael	12/5	24/7	5/10	17/12	28/29/2	102	Principados	Haniel
Mebahiah	13/5	25/7	6/10	18/12	1/3	101	Principados	Haniel
Poiel	14/5	26/7	7/10	19/12	2/3	144	Principados	Haniel
Nemamiah	15/5	27/7	8/10	20/12	3/3	113	Arcángeles	Miguel
Ieialel	16/5	28/7	9/10	21/12	4/3	6	Arcángeles	Miguel
Harahel	17/5	29/7	10/10	22/12	5/3	112	Arcángeles	Miguel
Mitzrael	18/5	30/7	11/10	23/12	6/3	144	Arcángeles	Miguel
Umabel	19/5	31/7	12/10	24/12	7/3	112	Arcángeles	Miguel
Iah-Hel	20/5	1/8	13/10	25/12	8/3	118	Arcángeles	Miguel
Anauel	21/5	2/8	14/10	26/12	9/3	2	Arcángeles	Miguel
Mehiel	22/5	3/8	15/10	27/12	10/3	32	Arcángeles	Miguel
Damabiah	23/5	4/8	16/10	28/12	11/3	89	Ángeles	Gabriel
Manakel	24/5	5/8	17/10	29/12	12/3	37	Ángeles	Gabriel
Ayel	25/5	6/8	18/10	30/12	13/3	36	Ángeles	Gabriel
Habuhiah	26/5	7/8	19/10	31/12	14/3	105	Ángeles	Gabriel
Rochel	27/5	8/8	20/10	1/1	15/3	15	Ángeles	Gabriel
Yabamiah	28/5	9/8	21/10	2/1	16/3	91	Ángeles	Gabriel
Haiaiel	29/5	10/8	22/10	3/1	17/3	108	Ángeles	Gabriel
Mumiah	30/5	11/8	23/10	4/1	18/3	114	Ángeles	Gabriel

BIBLIOGRAFÍA

Bíblia, vols. 1, 2, 5, Abril Cultural, 1982 / *A Bíblia Mais Bela do Mundo*, Abril, São Paulo, Brasil, 1965 / Agrippa, Henri Corneille. *La Magie Celeste*. L'Ile Verte, França, 1981 / Anderson, Wester Joan. *An Angel to Watch Over Me. True Stories of Children's Encounters with Angels*, Ballantine Books, 1994, Anderson Wester Joan. *Where Angels Walk*, Ballantine Books, Nova Iorque, 1992 / Andreus, Ted. *How to Meet and Work with Your Spirit Guides*, EUA, 1992 / Angladas, Vincent Beltran. *La Jeraquía, los Angeles Solares y la Humanidad*, Horus, Argentina, 1974 / Barcham, William L. *Giambattista Tiepolo, Thames and Hudson*, Londres, 1992 / Bardon, Franz. *The Practice of Magical Evocation*, Dieter Ruddenerg, Alemanha, 1970 / Barret, Francis. *The Magus*, Francis Barret, 1989 / Barret, Francis. *Magus*, Mercúrio, 1994 / Barret, Francis. *The Magus*, Aquarian, Londres, 1989 / Benard, Bruce. *A Rainha do Céu*. Verbo, Portugal, 1989 / Bindman, David. *William Blake*, T&H, 1982 / Blavastsky, Helena. *Glossário Teosófico*, Ground 1989 / Bloch, Douglas. *Palavras que curam*, Cultrix/Pensamento, 1991 / Bonwitt, Ingrid Ramm, *Mudrás*, Pensamento, 1991 / Brigidi, Stephen and Bly, Robert. *Angels of Pompeii*, Ballantine Books, 1991 / Budge, G.A. Wallis. *A Magia Egípcia*, Cultrix, 1983 / Buonfiglio, Monica. *A Magia dos Anjos Cabalísticos*, OCE, 1994 / Buonfiglio, Monica. *Anjos Cabalísticos*, 1993 / Buonfiglio, Monica. *Salmos*, OCE, 1995 / Buonfiglio, Monica. *Orixás*, OCMB, 1995 / Burnham, Sophy. *Angel Letters*, Ballantine Books, Nova York, 1991 / Burnham, Sophy. *O Livro dos Anjos*, Bertrand, 1992 / Cabot, Laurie. *O Poder da Bruxa*, Série Somma, 1989 / Cardini, Franco. *Europa 1492*, Anaya Editoriale, Milão, 1989 / Carey, Ken. *Preparando as Crianças para o Futuro*, Pensamento, 1992 / Cherubs. *Angels of Love*, PGI, Nova York, 1991 / Chessman, Scott Harriet. *Literary Angels*, Ballantine Books, 1991/ Chevalier, Jean e Gheerbrant, Alain. *Dicionário de Símbolos*, J.O., 1988 / Coleção Seu Destino Sua Vida, *Astrologia*. Record, 1983 / Coleção Seu Destino Sua Vida, *Tarô*. Record, 1983 / Coleção Sua Sorte, *Astrologia*, Nova Cultural, 1985 / Coleção Sua Sorte, *O Livro da Sorte*, Nova Cultural, 1985 / Coleção Sua Sorte, *Tarô*, Nova Cultural, 1985 / Colin, Didier e Roca, Martinez. *El Gran Libro Práctico del Tarô*, 1991 / Connell, T. Janice. *Angel Power*, Ballantine Books, 1995 / Connolly, David. *In Search of Angels. A Celestial Sourcebook for Beginning Your Journey*, Perigee Book, 1994 / Coquet, Michel. *O Mundo dos Anjos e os Devas*, Nova Era/ Record, 1991 / Daniel, Alma e Wyllie Timothy e Ramer, Andrew. *Ask Your Angels*, Ballatine Books, Nova York, 1992 / *Dicionário Hebraico, Português e Aramaico*, Sinodal / Vozes, 1989 / Doane, Doris Chase e King, Keyes. *O Tarô do Antigo Egito. Simbolismo Mágico e Chave para Sua Interpretação*. Pensamento, 1989 / Douglas, Nicke; Slinger, Penny, *Segredos Sexuais*, Record, 1979 / Dresden Pinacoteca. *Enciclopedia dos Museus*, Melhoramentos, 1980 / *Enciclopédia Britânica*, vol. 15, 1966 / Evola, Julius. *A Tradição Hermética*, Coleção Esfinge, 1971 / Fate and Fortune. Crescent Books, Nova York, 1977 / Fawcett Columbine. *Angels Postcards*, 1989 / Ferreira, Aurélio Buarque de Holanda, *Novo Dicionário Aurélio da Língua Portuguesa*, Nova Fronteira, 1986 / Filho, Tácito da Gama Leite e Ursula Regina da Gama Leite. JUERP, 1989 / Fround, Brian e Lee, Alan. *Faeries*, Peacock Press Bantam Books, Nova York / Gallery Books. *World Mithology*, 1989 / Garfield, Maggie Laeh & Grant, Jack. *Angels and Companions of Spirits*, Celestial Arts, California, 1981 / Gawain, Shakti. *Visualização Criativa*, Pensamento, 1991 / Giovetti, Paola. *Angels. The Role of Celestial Guardians and Beings of Ligth* / Giovetti, Paola. *Angels*. Samuel Weiser, Londres, 1993 / Godo, Carlos. *O Tarô de Marselha*, Pensamento, 1988 / Godwin Malcolm. *Angels*, Simon and Shuster, 1990 / Goldberg, Philip. *O que é Intuição*, Cultrix, 1992 / Goldman, Karen. *The Angel Book. A Handbook for Aspiring Angels*, Simon & Schuster / Grey, Cameron. *Angels and Awakenings. Stories of Miraculous by Great Modern Writers*. Doubleday, Nova York / Grupo Avatar. *O Livro dos Decretos*, FEEU, 1990 / Guenón, René. *O Rei do Mundo*, Esfinge, Portugal, 1982 / Guenón, René. *Os Símbolos da Ciência Sagrada*, Pensamento, 1984 / Guiley, Rosemary Ellen. *Angels of Mercy*, Pocket Books Nonfiction, 1994 / Hadés. *Cartas e Destinos*, Coleção Esfinge, Portugal, 1976 / Haich, Elisabeth. *A Sabedoria do Tarô*, Pensamento, São Paulo, 1992 / Halivi, Z'ev Ben Shimin. Kabbalah, Thames and Hudson, EUA, 1985 / Hay, Louise. *O Poder Dentro de Você*, Best Seller, 1991 / Haziel. *Les Anges*, Bussière, França, 1989 / Haziel. *Les Anges Planetaries et les Jours de la Semaine*, Bussière, França,

1988 / Haziel. *Repertoire des Anges*. Bussière, França, 1992 / Haziel. *Le Grand Livre de Cabale Magique*. Bussière, França, 1989 / Haziel. *Le Grand Livre du Tarot Cabalistique*. Bussière, 1991 / Hinnells, John R. *Dicionário de Religiões*, Cultrix, 1989 / Hodson, Geoffrey. *A Fraternidade de Anjos e Homens*, Pensamento, 1991 / Isaac, Stephen. *Angels of Nature*, Quest Books, 1995 / Jamie Saws e David. *Medicine Cards Animals*, Bear & Company, 1991 / Jones, Timothy. *Celebrando com os Anjos*, Bertrand Brasil / Jung / Emma e Von Franz, Marie-Louise. *A Lenda do Graal*, Cultrix, 1989 / Kaplan, Stuart R. *Tarô Clássico*, Pensamento, 1992 / Kaplan, Stuart R. *The Encyclopedia of Tarot*, vols. I e II, 1978 / Kersaint. *Os 13 Pantáculos da Felicidade*, Coleção Esfinge, 1971 / Killinaboy, Paul. *Rituais de Magias com Velas*, Maltese, 1991 / King, Francis. *Técnicas de Alta Magia*, Madri, 1976 / Koltuv, Bárbara Black. *O Livro de Lilith*, Cultrix, 1989 / Lawrense, Sylvia. *Angels and Cupids*, Rizzoli, Nova York, 1993 / Leadbeater, W.C. *O Plano Mental*, Pensamento, 1991 / Lenain. *A Ciência Cabalística*, Martins Fontes, 1987 / Levi, Eliphas. *A Chave dos Grandes Mistérios*, Pensamento, 1979 / Levi, Eliphas. *A Ciência dos Espíritos*, Pensamento, 1989 / Levi, Eliphas. *Curso de Filosofia Oculta*, Pensamento, 1984 / Levi, Eliphas. *Dogma e Ritual de Alta Magia*, Pensamento, 1988 / Levi, Eliphas. *Grande Arcano*, Pensamento, 1989 / Lexikon, Herder. *Dicionário de Símbolos*, Cultrix, 1992 / *Livro de Decretos*. Grupo Avatar, FEEU, 1990 / Lorenz, F. Valdomiro. *A Sorte revelada pelo Horóscopo Cabalístico*, Pensamento, 1986 / Lorenz, F. Valdomiro. *Cabala*, Pensamento, 1989 / Loxton, Howard. *The Art of Angels*, Regency House Publishing, 1995 / Lurker, Manfred. *Dicionário dos Deuses e Demônios*, Martins Fontes, 1993 / Madero, Pino. *Os Anjos na Bíblia*, Paulus, 1994 / Margolies, Morris. *A Gathering of Angels. Angels in Jewish Life and Literature*, ed. do autor, 1994 / Martine, Yonne e Clark, Linda. *A Vibração das Cores*, Pensamento, 1992 / Mc Lean, Doroty. *A Comunicação com os Anjos e os Devas*, Pensamento, 1991 / Mc Lean, Penny. *Contato com o Anjo da Guarda*, Pensamento, 1991 / McLean, Penny. *Os Anjos, Espíritos Protetores*, Pensamento, 1992 / Mebes, G.O. *Os Arcanos Maiores do Tarô*, Pensamento, 1989 / *Meditações sobre os 22 Arcanos Maiores do Tarô*, Paulinas, 1989 / *Missal Cotidiano*, Edições Paulinas, 1985 / Rabinovitz, Nataliya e Pipa, Ludo da. *As Flores Revelam seu Destino*, Pensamento, 1992 / Nichols, Sallie. *Jung e o Tarô. Uma Jornada Arquetípica*, Cultrix, São Paulo, 1989 / Papus. *ABC do Ocultismo*, Martins Fontes, 1987 / Papus. *A Cabala*. Martins Fontes, 1988 / Papus. *As Chaves do Tarô. A Cabala*, Martins Fontes, 1988 / Papus. *Tarô dos Boêmios*, Ícone, 1992 / Parisen, Maria. *Angels & Mortals*, Quest Books, 1990 / Pierrard, Pierre. *Larousse des Prénoms et des Saints*, Librairie Larousse, Paris, 1976 / Piobb. *Formulário de Alta Magia*, Francisco Alves, 1987 / Pomegranate Artbooks / San Francisco. *A Book of Postcards*, Angels, 1994 / Poweel, Artheu. *O Corpo Astral*, Pensamento, 1991 / Rachieff, Owen S. *The Occult in Art*, Cromwell Editions, Londres, 1990 / Robbens, Anthony. *Desperte o Gigante Interior*, Record, 1993 / Rola, Stanislas Klosscochi. *Alchemy*, Thames & Hudson, 1989 / Ronner, John. *Você tem um Anjo da Guarda*, Siciliano, 1989 / Rousseau, René-Lucien. *A Linguagem das Cores*, Pensamento, 1993 / *Seleções do Reader's Digest. História do Homem*, Portugal, 1992 / Seligmann, Kurt. *História da Magia*. Esfinge, Portugal, 1948 e 1979 / Serres, Michel. *A Lenda dos Anjos*, Aleph, 1995 / Shirley, Price. *Aromaterapia. Guia Prático*, Siciliano, 1989 / Simon, Sylvie. *The Tarot. Art Mysticism and Divination*, 1986 / Slinger, Penny e Nick, Douglas. *Segredos Sexuais*, Record 1979 / Solara. *Invoking your Celestial Guardians*, Solara, EUA, 1986 / Steiner, Rudolf. *The Arcangel Michael*, Anthroposophic Press, 1994 / Stewart, R. J. *The Merlin Tatot*, The Aquarium Press, 1988 / Stewart, R. J. *Música e Psique*, Cultrix, 1989 / Tansley, David V. *Le Corps Subtil*, Editions du Seuil, 1977 / *Tarô Adivinhatório*, Pensamento, 1990 / *Tarot Mirror of the Soul, Handbook for the Aleister Crowley Tarot*, Urania Verlag, Alemanha, 1986 / Taschen, Beenedikt. *Rembrandt*. Tradução de Paula Reis, Lisboa, 1993 / Taylor, Terry Lynn. *Anjos, Mensageiros de Luz, Pensamento*, 1991 / *The Doré Bible Illustrations*, Doner Publications, 1974 e 1976 / Thomas, Keith. *Religião e Declínio da Magia*, Companhia das Letras, 1991 / Thompson, Keith. *Anjos e Extraterrestres*, Rocco, 1993 / Thurson, Mark. *Sonhos*, Pensamentos, 1992 / Tryon, René de. *A Cabala e a Tradição Judaica*, Esfinge, Portugal, 1979 / Valsecchi, Marco. *Galeria Delta da Pintura Universal*, vols. I e II, Delta, Rio de Janeiro, 1972 / Vários autores. *Alquimia e Ocultismo*, Coleção Esfinge, 1972 / Vinci, Leo. *A Magia das Velas*, Pensamento, 1991 / Vinci, Leo. *Incenso*, Hemus, 1984 / Walker, Barbara G. *O Livro das Pedras Sagradas*, Cultrix, São Paulo, 1993 / Walker, D. P. *La Magie Spirituelle et Angelique*. Albin Michel, França, 1974 / Wilson, David M. *The Northernworld*, Thames & Hudson, Londres, 1980 / Wilson, Lamborn Peter. *Angels. Messengers of the Gods*, Thames & Hudson / Wirth, Oswald. *Introduction to the Study of the Tarot*, The Aquarium Press, 1981.

Otros libros editados por
Editorial Centauro Prosperar

URI GELLER, SUS PODERES MENTALES Y CÓMO ADQUIRIRLOS
Juego de libro, audiocasete y cuarzo
Autor: Uri Geller

Este libro revela cómo usted puede activar el potencial desaprovechado del cerebro, al mejorar la fuerza de la voluntad y aumentar las actividades telepáticas. Además, explica cómo usar el cristal energizado y el audiocasete que vienen junto con el libro.

Escuche los mensajes positivos de Uri mientras le explica cómo sacar de la mente cualquier pensamiento negativo y dejar fluir la imaginación. El casete también contiene una serie de ejercicios, especialmente creados por Uri Geller, para ayudarle a superar problemas concretos.

EL PODER DE LOS ÁNGELES CABALÍSTICOS
Juego de libro y videocasete
Autora: Monica Buonfiglio

Esta obra es una guía completa para conocer el nombre, la influencia y los atributos del ángel que custodia a cada persona desde su nacimiento.

Incluye información sobre el origen de los ángeles. Los 72 genios de la cábala hebrea, el genio contrario, la invocación de los espíritus de la naturaleza, las oraciones para pedir la protección de cada jerarquía angélica y todo lo que deben saber los interesados en el estudio de la angeología. Ayuda a los lectores a perfeccionarse espiritualmente y a encontrar su esencia más pura y luminosa. En su primera edición en Brasil en 1994, se mantuvo entre la lista de los libros más vendidos durante varios meses.

ALMAS GEMELAS
Aprendiendo a identificar el amor de su vida
Autora: Monica Buonfiglio

En el camino en busca de la felicidad personal encontramos muchas dificultades; siempre estamos sujetos a los cambios fortuitos de la vida. En este libro, Monica Buonfiglio aborda con maestría el fascinante mundo de las almas gemelas.

¿Dónde encontrar su alma gemela, cómo reconocerla o qué hacer para volverse digno de realizar ese sueño? En esta obra encontrará todas las indicaciones necesarias, explicadas de manera detallada para que las ponga en práctica.

Lea, sueñe, amplíe su mundo, expanda su aura, active sus chakras, evite las relaciones kármicas, entienda su propia alma, para que de nuevo la maravillosa unidad de dos almas gemelas se vuelva una realidad en su vida.

CÓMO MANTENER LA MAGIA DEL MATRIMONIO
Autora: Monica Buonfiglio

En este texto el lector podrá descubrir cómo mantener la magia del matrimonio y aceptar el desafío de convivir con la forma de actuar, de pensar y de vivir de la otra persona.

Se necesita de mucha tolerancia y comprensión, evitando la crítica negativa.

Para lograr esta maravillosa armonía se debe aprender a disfrutar de la intimidad sin caer en la rutina, a evitar que la relación se enfríe y que, por el contrario, se fortalezca con el paso de los años.

Los signos zodiacales, los afrodisíacos y las fragancias, entre otros, le ayudarán a desarrollar su imaginación.

MARÍA, ¿QUIÉN ES ESA MUJER VESTIDA DE SOL?
Autora: Biba Arruda

La autora presenta en este libro las virtudes de la Virgen María. A través de su testimonio de fe, entrega y consagración, el lector comprenderá y practicará las enseñanzas dejadas por Jesucristo.

La obra explica cómo surgió la devoción de los diferentes nombres de María, cuáles han sido los mensajes que Ella ha dado al mundo, cómo orar y descubrir la fuerza de la oración, el poder de los Salmos y el ciclo de purificación; todo ello para ser puesto en práctica y seguir los caminos del corazón.

En esta obra, María baja de los altares para posarse en nuestros corazones. Mujer, símbolo de libertad, coraje, consagración, confianza, paciencia y compasión.

PAPI, MAMI, ¿QUÉ ES DIOS?
Autora: Patrice Karst

Papi, mami, ¿qué es Dios? es un hermoso libro para dar y recibir, guardar y conservar. Un compañero sabio e ingenioso para la gente de cualquier credo religioso.

Escrito por la norteamericana Patrice Karst, en un momento de inspiración, para responderle a su hijo de siete años la pregunta que tantos padres tienen dificultad en contestar.

En pocas páginas, ella logró simplificar parte del material espíritu-religioso que existe y ponerlo al alcance de los niños, para que entiendan que a Dios tal vez no se le pueda conocer porque es un Ser infinito, pero sí sentir y estar consciente de su presencia en todas partes.

MANUAL DE PROSPERIDAD
Autor: Si-Bak

Así como se aprende a hablar, a caminar y a comer, cosas muy naturales en nuestro diario vivir, de igual forma hay que aprender a prosperar. Esto es posible para toda las personas sin disculpa alguna.

Para ello debemos intensificar la fe, la perseverancia y la práctica de un principio que nos conduzca por el camino de la prosperidad. Y es esto lo que enseña el "Manual de Prosperidad".

De manera sencilla y práctica,.coloca en manos del lector reglas, conceptos y principios que le permiten encaminarse en el estudio de la prosperidad y entrar en su dinámica.

PARÁBOLAS PARA EL ALMA
"Mensajes de amor y vida"
Autora: Yadira Posso Gómez

En este libro encontrará mensajes que han sido recopilados a partir de comunicaciones logradas por regresiones hipnóticas.

La doctora Yadira Posso y su hermana Claudia, han sido elegidas para recibir mensajes de la propia voz de "El Maestro Jesús", a través de procesos de regresión en los que Él se manifiesta por medio de Claudia, quien sirve de médium.

Usted encontrará en esta obra hermosas parábolas para su crecimiento interno y desarrollo personal.

CON DIOS TODO SE PUEDE
Autor: Jim Rosemergy

¿Cuántas veces ha sentido que las puertas se le cierran y queda por fuera del banquete de la abundancia de la vida? ¿Quizás necesitaba un empleo, un préstamo, un aumento de sueldo, un cupo en el colegio o la universidad, o simplemente disponer de más dinero, tiempo, amor y no se le había dado? ¿Se ha preguntado por qué a otros sí y no a usted?

¿Sabía usted que este universo ha sido creado con toda perfección y que el hombre tiene el poder de cambiar su vida, haciendo de ésta un paraíso o un infierno?

Leyendo este libro usted entenderá la manera de utilizar su poder para tener acceso a todas las riquezas de este universo. El poder está dentro de usted y es cuestión de dejarlo actuar. Cuando usted está consciente de la relación que debe tener con el Creador, todas las cosas que desee se le darán, por eso decimos que "con Dios todo se puede".

CÓMO ENCONTRAR SU PAREJA IDEAL
Autor: Russ Michael

¿Busca su pareja ideal? Si es así, este libro está hecho especialmente para usted.

Léalo y descubra la dinámica interna y externa que aflora mágicamente cuando dos seres se reconocen como almas gemelas. La pareja ideal se ama y acepta por igual sus cualidades e imperfecciones, libre de egoísmos e intereses personalistas y construye, momento a momento, día a día, una vida plena y autorrealizada, salvando los obstáculos inherentes al diario vivir.

Su autor, Russ Michael, le ayudará a descubrir qué y quién es usted en verdad y a quién o qué necesita para realizarse y lograr la felicidad, así como a aumentar su autoestima y magnetismo para ser una persona de éxito. Sea un espíritu libre y viva a plenitud su preciosa vida al dar y recibir amor.

MI INICIACIÓN CON LOS ÁNGELES
Autores: Toni Bennássar - Miguel Ángel L. Melgarejo

Este libro es una recopilación de los misteriosos y fascinantes encuentros que Miguel Ángel Melgarejo y un grupo de jóvenes tuvieron con ángeles en el Levante de la Península Ibérica.

El periodista Toni Bennásar resume los encuentros de Miguel Ángel, siendo aún un adolescente, y posteriormente como adulto, hasta culminar con su iniciación en el monte Puig Campana, donde estuvo en contacto permanente con los ángeles por un lapso de 90 días, recibiendo mensajes de amor, sabiduría y advertencia para la humanidad.

Ya sea usted amante de los ángeles o no, este libro colmará su interés y curiosidad por los apasionantes sucesos que allí ocurren.

CUANDO DIOS RESPONDE
¿Locura o misticismo?
Autora: Tasha Mansfield

En este libro magistral, usted conocerá la historia vivencial de la reconocida psicoterapeuta norteamericana Tasha Mansfield, quien, tras afrontar una inesperada y difícil enfermedad que la postró en cama por siete años, encontró la sanación física y el despertar espiritual.

Antes, durante y después de la enfermedad, una voz celestial la fue guiando para asumir actitudes correctas y adquirir la ayuda necesaria en su vida.

Tasha Mansfield comparte también una serie de ejercicios y meditaciones para expandir el nivel de conciencia, atraer paz y obtener una vida más plena y feliz.

CÓMO HABLAR CON LOS ÁNGELES
Autora: Monica buonfiglio

En este excelente libro, su autora nos introduce en la magia de los ángeles cabalísticos, nos enseña la forma correcta de conversar con los ángeles y, en una sección de preguntas y respuestas, resuelve inquietudes relacionadas con estos seres de luz.

Usted conocerá el nexo de los ángeles con los elementales y cómo invocarlos para atraer su protección.

Aprenda a interpretar las velas y a manejar los pantáculos para contrarrestar ondas magnéticas; utilice flores, inciensos y perfumes para solicitar la presencia angelical.

Atraiga la sabiduría de los ángeles a su vida y enriquézcase espiritual y materialmente.

EL EMPERADOR REENCARNADO
Autor: George Vergara, M.D.

A través de esta apasionante historia, usted conocerá la vida y obra del gran emperador de Roma, Marco Aurelio, relatada después de 2.000 años por el reconocido médico cardiólogo estadounidense, George Vergara.

George cuenta cómo un día, y de una forma que bien podría llamarse casual, se enteró que había sido Marco Aurelio en otra vida. Siguiendo las huellas del emperador, George viaja a Italia, y en un "deja vu" sorprendente, revive la vida y obra de quien fuera uno de los más grandes líderes del mundo. Misteriosamente, y de forma concatenada, una serie de extraños sucesos le dan indicios de que es el alma encarnada del emperador.

El doctor Vergara comprende que Dios, en su infinita misericordia, le ha permitido correr el velo y conocer parte de su recorrido como alma, para construir una vida de amor y servicio a la humanidad.

CON DIOS TODO SE PUEDE 2
Autor: Jim Rosemergy

En Con Dios todo se puede 2, aquellos que deseen encontrar a Dios de una manera más personal, hallarán los pasos para establecer una relación más duradera y satisfactoria.

Mediante la oración, y una nueva comprensión del propósito de la oración, la humanidad entró al nuevo milenio desfrutando de una relación más cercana con Dios. Lo común es que la gente acuda a la oración en momentos de angustia, necesidad o carencia, pero la verdadera razón para orar es encontrar a Dios y no sólo para satisfacer deseos mundanos.

Conocer la Presencia Divina les dará el sustento espiritual necesario a quienes se encuentran en su senda.

CLAVES PARA ATRAER SU ALMA GEMELA
Autor: Russ Michael

En esta obra, Russ Michael nos presenta nuevos conceptos e ideas para atraer a su alma gemela, partiendo de la perspectiva de un universo vibratorio: todo vibra sin excepción en este mundo.

Su autor revela cómo todos estamos inmersos y rodeados de un vasto campo vibratorio universal; cómo cualquiera que lo desee puede utilizar las técnicas recomendadas en este libro para conseguir a su alma gemela, su homólogo desde el punto de vista vibratorio, la cual encaja perfectamente con su pareja espiritual, por ser imagen y reflejo exacto de ella. Explica cómo cada uno de nosotros, sin excepción, hace resonar un tono muy personal y único, o nota vibratoria.

¡Naturalmente, su alma gemela también dispone de una nota propia y única!

FENG SHUI AL ALCANCE DE TODOS
Autora: Clara Emilia Ruiz C.

El Feng Shui es una técnica que plantea una serie de principios básicos con el objeto de armonizar al ser a través de cambios en el ambiente que lo rodea.

Con el uso de un mapa de guía llamado Bagua, se toma como eje la entrada a cada espacio donde se determinan nuevas áreas de trabajo que tienen directa relación con nuestra vida.

A través del Feng Shui se determinan las áreas de un terreno adecuadas para seleccionar un lote y la correcta ubicación de la casa o edificio dentro del lote. Igualmente, en el interior de la casa, las formas, proporciones e interrrelación entre espacios má convenientes para el correcto fluir del ser humano en la vida, atrayendo así bienestar, salud y prosperidad.

UN VIAJE AL PLANETA DE CRISTAL
Autor: Cristovão Brilho

Es un bello cuento con hermosas ilustraciones para ser coloreadas por los niños.

Narra la historia de siete niños, quienes gracias al poder de su imaginación creativa se trasladan al Planeta de Cristal guiados por Cristalvihno, un amoroso personaje oriundo de ese planeta, quien en un excitante y maravilloso viaje les explica el valor terapéutico de los cristales y cómo utilizarlos sabiamente según su color.

Historia original de Cristovão Brilho, reconocido sanador brasilero y autor del libro El poder sanador de los cristales.

EL PODER DE ACEPTARSE A SÍ MISMO
Y A LOS DEMÁS
Autor: Jim Rosemergy

En esta obra, las personas que se hallan en proceso de autoconocerse, las que se encuentran en crisis de personalidad, las que buscan desarrollo espiritual y personal o el simple lector desprevenido, encontrarán una serie de pautas para desarrollar de una manera práctica y sencilla, en el a veces espinoso y difícil trabajo de la aceptación de sí mismo, de los demás, de la vida y del entorno que nos rodea.

Jim nos muestra la importancia de aprender a aceptar nuestra parte humana, con sus virtudes y cualidades, flaquezas y debilidades, para llegar así a conocer el maravilloso ser espiritual que realmente somos.

Un libro que se convertirá en su mejor amigo y consejero de cabecera. Imparcial y desinteresado, lleno de amor y profunda sabiduría.

EL PODER SANADOR DE LOS CRISTALES
Autor: Cristovão Brilho

Un libro donde su autor habla de manera sencilla y clara sobre los chacras o centros de energía y el uso terapéutico de los cristales a través de ellos. Cómo llevar los cristales, cómo lograr la cura en los demás y en uno mismo, cómo aprovechar su energía, cómo programarlos y cómo utilizarlos cotidianamente.

El mundo de la piedras es encantador y fascinante. Lleva a la persona o "buscador", de una etapa de aprendizaje a un plano científico, a través del descubrimiento de algo que puede relatar la cronología de la Tierra, los eventos y la historia de la evolución del hombre.

365 MANERAS DE SER MULTIMILLONARIO
Autor: Brian Koslow

El mundo de los negocios está cambiando; también los secretos para el éxito. En este libro, guía esencial, tanto para los funcionarios de alto rango como para el empleado común, el asesor comercial, Brian Koslow, comparte las estrategias y discernimiento únicos que lo hicieron millonario a los 33 años. He aquí algunos de los consejos que encontrará en este libro:

- Si no trabaja en la actividad que le gusta, es probable que esté realizando el trabajo equivocado.
- Escuche el 85% del tiempo; hable el 15%.
- Fíjese un ideal, filosofía o razón que lo mantenga despierto todo el tiempo.
- Perderá poder personal en el presente, si no tiene una visión clara del futuro.
- Delegue siempre las actividades que requieren menos experiencia de la que usted tiene.
- Cuando más le diga ala gente lo capaz que es, más capaz será.
- Olvídese de la lotería. Apuéstele a usted mismo.

LA TERAPIA DEL ESPEJO MENTAL
Autor: Russ Michael

La más antigua técnica para obtener salud, bienestar y prosperidad.

En esta obra aprenderemos cómo, gracias al principio universal del espejo, el mundo en el que vivimos es un espejo que refleja con exactitud nuestra realidad interior. Si deseamos conocernos tal como somos, es suficiente con observar el entorno: el nuestro y el de los seres que nos rodean, así como las circunstancias de la vida que nos dicen quiénes somos.

La terapia del espejo mental, recrea, analiza y explica a profundidad esta antiquísima técnica utilizada por los sabios de la antigüedad y reconfirmada por los científicos de hoy. Con fe, creatividad y autodisciplina, nos liberaremos de la carga negativa, para disfrutar así de la vida que realmente deseamos.

NADIE ES DE NADIE
Autora: Zibia Gasparetto

Esta historia, de la escritora brasileña Zibia Gasparetto, nos hará reflexionar sobre el falso y el verdadero amor, enseñándonos que la vida afectiva es un constante ejercicio de autodominio.

Best Seller en Brasil, ahora traducido al español, la novela *Nadie es de nadie*, relata la historia de los conflictos de un matrimonio en el tiempo actual.

El drama vivido por los personajes afecta todo su entorno debido a los celos enceguecedores de algunos de ellos que piensan equivocadamente que sentir celos es demostrar que se ama ardientemente, hasta que descubren cómo éstos transforman su vida amorosa en una dolorosa tragedia.

Y surge un interrogante: ¿no será pasión lo que llamamos amor?

Al final descubriremos que sólo nos tenemos a nosostros mismos, pues *nadie es de nadie.*